JN064505

Hidden Library, Invisible Librarian

医療と健康と図書館と、司書。

小嶋智美　著

YUKENSHA

Hidden Library, Invisible Librarian：
医療と健康と図書館と、司書。

Independent Librarian

小嶋智美（Satomi Kojima）

もくじ

01. スタットコードの流れる図書館…………5

02. 机の上にあったのは…………12

03. 小さなどきどきの積み重ねに…………18

04. ひとりで、いちから…………25

05. 愚人の愚…………31

06. 距離と壁…………38

07. 顔を知らない仲間…………48

08. 寡黙の饒舌…………54

09. 飛び込んできたもの…………62

10. 窓…………67

11. 忙しい時こそ…………71

12. 見るもの、見えるもの…………78

13. 司書覚え書…………85

14. 司書の不養生…………91

15. 「書」の先…………96

16. ひとりとひとりぼっち…………100

17. Give and Take …………105

18. ナンボノタカラ…………112

19. 見計らいは楽し…………116

20. あたりまえという奇跡…………120

21. 絵で伝える・伝わる…………129

22. この司書がいるから…………136

23. よかった…………145

24. 大盛り…………151

25. 常連さん…………156

26. プロは違う…………164

27. 知りたいことと知らなければいけないこと…………170

28. 自信を持つということは…………178

29. なにを見ていたのか…………187

30. 棚に願いを：だからこそ…………195

31. 棚に願いを：足で確かめる…………199

32. 棚に願いを：あなたに届け…………204

33. 見えない司書が見えるとき…………209

おわりに …………………214

参考文献 URL リスト…………220

〈コラム〉元病院司書のひとりごと

タイトルの後ろにある数字は章の番号です。

「病院図書館」とは [1]…………9

図書館利用と司書への信頼 [2]…………16

病院司書同士のつながり [3]…………23

ワンパーソンライブラリー [4]…………29

デジタルアーカイブ [5]…………36

医学文献と音楽 [6]…………42

院内研修 [7]…………53

病院図書館の評価と運営 [8]…………60

EBM と司書 [11]…………76

専門図書館 [12]…………83

看護覚え書 [13]…………90

オープンアクセスと機関リポジトリ [16]…………103

山崎茂明さんと司書の学びの場 [17]…………110

診療ガイドライン [20]…………126

グラフィックメディスン [21]…………134

病院司書の自己研鑽 [25]…………161

「正しい情報」とは [27]…………176

システマティックレビューと司書 [28]…………184

司書としてできること [29]…………192

01.
スタットコードの流れる図書館

　その図書館の多くは、特定の人しか入ることはできません。
　その図書館を利用する人の多くは、医務用の制服を着ています。

　その図書館に「スタットコード」が流れない日は、ありません。

「病院図書館（hospital library、病院図書室）」です。

　すべての病院に、図書館があるわけではありません。比較的規模が大きく、公的機関の認定[1][2]を受けているところであれば、設置されていることが多いです。病院図書館は、職員以外が入ることのできない場所にある、いわば、隠された図書館（hidden library）です。

　病院図書館で働く司書は、「病院司書（hospital librarian）」や「臨床司書（clinical librarian）」などと呼ばれます。「医学司書（medical librarian）」の中でも、主に病院職員に対して図書館仕事を行う、医療情報サービスの専門職です。いわば、隠された図書館にいる、見えない司書（invisible librarian）です。

　その隠された図書館にも、利用者はやってきます。

いくつもの症例報告を見つめる医師。

研究発表に備え、スライドと統計のアプリを開き、作業を行う看護師。

臨床教育指定施設の審査のため、関連書類をまとめる総務課の職員。

……ほか、いろいろ。

司書は、いつ、どんなことを彼らに相談されても即座に対応できるよう、データベースなど関連するリソースの画面を開き、資料の整理を行いながら、利用者を見守ります。

キーボードを打つ音と、研修医と話す上級医の穏やかな声以外は聞こえない、静かな館内。

ふいに、書架の上に設置されたスピーカーから、放送が流れます。

利用者全員が作業の手を止め、放送に耳を傾け、内容に応じて動き出します。

利用者の動きを変えたのは、スタットコードです。

病院では、毎日、図書館を含む院内全体に、スタットコードが流れます。

スタットコードとは、すべての病院関係者への周知を目的とした緊急放送のことです。状況に応じて必要な職員が適切に対

応できるよう、また、病院に訪れる人たちに無用な不安を抱かせないよう、色を符丁のように使って簡潔にアナウンスします。

　テレビドラマのタイトルにもなった「コードブルー」も、スタットコードのひとつです。ブルーは多くの病院でドラマと同じ救急救命を目的に使っているようですが、スタットコードが必要な状況はほかにもあるため、イエロー・レッド・グリーン・ホワイトなどの色を使い、各病院がそれぞれでルールを設け、使い分けているようです。

　司書が、スタットコードを受けて現場へ走ることは、まず、ありません。

　もちろん司書も、病院で勤務する上で、最低限の対応はしています。

　入職前には、抗体検査の結果を提出し、必要であればワクチンを接種します。
　新人職員の研修では、緊急時の対応や正しい手洗いの方法を学びます。
　救命講習の受講は必須で、筆記と実技の試験に合格しなければなりません。

　司書に召集がかかるようなスタットコードは、よほどのことが起きた時。起きないに越したことはないのですから、走らない方がいいのです。

でも、スタットコードが流れると、どの色であっても、司書の背筋はすっと伸びます。
　自分も、見えないながらに医療を支える職員なのだという思いを、常に持っているからです。

　病院図書館に、スタットコードの流れない日は、ありません。

「どうか小事で終わりますように」

　医療職が現場に向かった際に机から落ちたペンを拾いながら、司書は願います。

　どこかの病院にいる見えない司書は、隠された図書館で、今日も静かに職務を遂行します。

　1）日本医療機能評価機構 . https://www.jq-hyouka.jcqhc.or.jp/.
　2）卒後臨床研修評価機構 . https://www.jcep.jp/.

「病院図書館」とは

　はじまりの章は、「病院図書館」と「病院司書」の紹介です。病院図書館は公共図書館や大学図書館に比べて規模が小さいことから「図書室」という呼び方を使うこともありますが、この本では「図書館」と呼び、患者さんや一般の方など誰でも利用することができる病院内の図書館を「患者図書館」、病院職員の情報支援を目的とする図書館を「病院図書館」として区別しています。この呼び方や区別の方法については、あくまでもこの本での約束事だと捉えてください。たとえば、私の司書の大先輩である山口直比古さんは、病院内にある図書館を「病院図書室」「患者図書室」と区別し、それぞれの役割を解説しています[1]。また、この本での「司書」は、主人公のことであり、図書館における情報サービスの専門職の名称でもあります。文部科学省のサイト[2]でも、図書館に従事する専門職員のことを「司書」あるいは「司書補」と記しています。

　病院図書館はすべての病院にあるわけではなく、病院に必ず設置しなければいけないわけでもありません。この章で引用したような認定を受けた病院に設置されていることが多いです。ただし、日本医療機能評価機構が実施する『病院機能評価』では、「教育・研修」にあった図書室に関する項目「必要な図書等の整備」は削除されました。卒後臨床研修評価機構の「JCEP評価調査票」では、2023 年に発表された現行の版にも「図書・雑誌・インターネット利用環境が整備されている」という評価項目の中に「図書室が整備され、担当者がいる」とありま

す。法令に基づく設置に関しては、「医療法」の第 22 条で、厚生労働省の定める地域医療支援病院に必要な設備として「図書室」が挙げられています[3]。地域医療支援病院は 2023 年 9 月 1 日現在で 700 機関ある[4]ので、単純に考えると、日本には今、700 以上の病院図書館が存在すると考えることができます。

でも、ここでちょっと心に留めておいていただきたいことがあります。それは、法令や認定の要件に「図書館に関する記載」があっても「司書に関する言及」はない、ということです。

図書館と呼ばれる場所があっても、そこに必ず司書がいるとは限りません。もしかしたら、図書館と呼ばれているその場所は、本が集められているだけの場所かもしれません。また、自らも病院司書である荒木亜紀子さんらの調査[5]で、病院図書館があったとしてもごく少数で運営している場合、司書がいたとしても不安定な就労条件で採用されている場合、病院職員として正規に採用されていても兼任のため図書館の運営に集中できない場合などがあることが明らかになっています。

病院図書館のあらましや病院司書の役割については、図書館関係者を主な読者とする専門誌で紹介されていることが多く、書店や公共図書館などでそのような専門誌を目にすることは少ないです。ただし、雑誌や文献によっては全文をインターネットを介して（オープンアクセスとして）公開することもあります。

病院図書館について知りたいと思ってくださった方には、山口さんによるオープンアクセス文献からご覧いただくことをお

すすめします。

1) 山口直比古 . 病院の図書室：病院図書室と患者図書室，そして
  その先へ . 情報の科学と技術 . 2016, vol.66, no.9, p.467-472.
  https://doi.org/10.18919/jkg.66.9_467.
2) 医療法（昭和二十三年法律第二百五号）. e-Gov 法令検索 .
  https://elaws.e-gov.go.jp/document?lawid=323AC0000000205.
3) 文部科学省 . 司書について .https://www.mext.go.jp/a_menu/
  shougai/gakugei/shisyo/index.htm.
4) 厚生労働省 . 地域医療支援病院について . https://www.mhlw.
  go.jp/stf/seisakunitsuite/bunya/0000137801_00015.html
5) 荒木亜紀子，山本悦子 . 病院図書室司書の雇用についての実態
  調査 . 第 29 回医学情報サービス研究大会 . 2012, ポスターセッ
  ション P07. http://mis.umin.jp/29/program/P-07.pdf.

02.
机の上にあったのは

「あなたは、ここを何年で"図書館"にできると思いますか？」

　司書に話しかけたのは、心臓外科の専門医で病院の副院長でもある、K先生。

「ここが"図書館"と呼べるようになるために必要な年数ですか……」

　二人の目の前にあるのは、書棚と本のある小部屋。
　一応、病院の図面上では、「図書館」とあります。

　でも、二人とも「ここは図書館であって図書館ではない」と感じていました。
「先生、この病院は、どれくらい司書がいなかったのでしょうか」
「できてから、ずっとだね。このエリアができたのは、3年前かな」

　司書はあらためて考え、そして、ある程度の覚悟を決めて答えました。

「では、3年のうちに何とかしようと思います」

「へえ……なぜ、3年なの？」

「1年では適切に評価や分析をすることはできないと考えました。それに」

「それに？」

「以前、傷を悪化させた時、治すには少なくとも放置した時間が必要だと医師に言われたので」

「へえ……なんだか面白いね、あなた。じゃ、何かあれば相談してね、司書さん」

　それからK先生は、司書と廊下ですれ違う度、「どう？」と笑顔で声をかけてくれました。書架が少なすぎて配架できない資料を前に呆然としている司書に気づき、書架の増設をすぐに行うよう事務局にかけあってくださったのも、K先生でした。

　司書がようやく仕事に慣れてきた頃、出勤するとデスクの上に一枚のメモがありました。

　メモには、ある心臓手術の名前が書いてありました。

　（これはなんだろう……？）

　戸惑う司書の胸ポケットで、内線電話が鳴りました。K先生でした。

「メモ、見てくれた？」

「先生だったんですね。このメモ、どうすれば……」

「それに関連する文献を集めてほしいと思って。じゃあよろしく」

「待ってください、先生」

「なに？　今からカンファレンスだから、あまり時間はないよ」

「はい。簡単でよいので、どんな目的で文献を集めるのか、教えてください」

「え、どうしてそんなことを聞くの？」

「目的によって活用できる資料が異なるからです。今、教えてくだされば、文献を受け取った後の先生が、効率的に時間を使うことができると思います」

「なるほど、確かに。では手短に話すよ。今度……」

　それからもＫ先生は、図書館と司書を存分に活用してくれました。

　Ｋ先生からの依頼が完了した翌日は、司書の机の上に、お菓子が置いてありました。

　夏のある日、Ｋ先生が退職するという噂を耳にしました。

　そういえば最近、Ｋ先生からの依頼がないな……と思いつつ司書がデスクに戻ると、机の上に見慣れない大きなものが置いてありました。

　子どもの顔ほどの大きさがあろうかという、晩白柚でした。

　「実家から届きました。おすそわけ」という、見慣れた字と共に。

司書は急いで、お礼を送りました。
その数日後、K先生が退職したことを、知りました。

冬のある日、司書の元へK先生からの返信が届きました。

正確に言うと、新しい依頼が、届きました。

「新しい勤務先の病院で、図書館をつくっています。相談にのってもらえませんか？」

デスクの目につく場所に貼っておいた「ある心臓手術の名前が書かれたメモ」に目をやりながら、司書はすぐに返信しました。

「もちろんです。どうぞ、遠慮なくおっしゃってください」

K先生がつくった病院の図書館ができて、3年が過ぎました。
いつか、K先生のつくった図書館を訪れたいと、司書は思い続けています。

図書館利用と司書への信頼

　この章は、私が病院司書として入職したとき、最初に声をかけてくださったある医師との思い出を元に綴ったものです。最初の一文「あなたは、ここを何年で"図書館"にできると思いますか?」は、病院司書になって3日目にかけられた言葉です。

　私が入職した病院の図書館と呼ばれていた場所は、ほぼ倉庫のような状態で、デスクを置く場所はありませんでした。そのため、医局に設けられていた打ち合わせ用のテーブルを間借りし、そこにパソコンと脇机を置いて事務作業をすることになりました。しばらくして、病院の規模が大きくなって医師が増えたことで、その打ち合わせのスペースも無くなることになり、次は医局の端にあった研修医用のデスクをお借りすることになりました。

　医局に事務スペースがあるため、定期的に図書館へ行っては本の配架や不用品の整理を行うという往来を続ける必要はありましたが、医師に声をかけてもらいやすいという点で、最初に医局にデスクを設置してもらったことがかなり大きなメリットになりました。K先生のように知らないうちに私のデスクにお菓子を置いてくださる方、検索や購入依頼のメモを残してくださる方、病院の仕事とは別に公共図書館や大学図書館の利用について質問してくださる方、一緒にランチに行こうと誘ってくださる方もいらっしゃいました。

病院図書館を運営する際、司書としての専門性を向上させるための研鑽はもちろん、「図書館を応援してくれる身内をどれだけ増やすか」ということも大切なポイントになるのではないかと、それらの経験から感じています。ここでいう「身内」とは、その病院に所属する職員全員を指します。特に、臨床に必要な論文を読んだり、自身も研究や執筆を行う医療職にとって、図書館は情報入手の拠点となりますから、医療職の利用を促進し信頼を得ることが運営においても重要となります。この章の「副院長の電話一本で書架が増設された」というエピソードも、実際に私が体験したことです。稟議書の作成も、書架購入の見積りもせず、すぐに願いが叶った状況に、当時の私は大変驚きました。一方、私が司書として入職してすぐ、以前とは比べものにならないほどの文献手配や調査の依頼が発生しました（司書がいなかった時は、教育支援担当職員や医局秘書が代行していたそうです）。電話一本で書架が増設された力と、利用者が寄せた図書館への期待や信頼は、おそらく、表裏一体だったのでしょう。

　今思い返してみると「あなたは、ここを何年で"図書館"にできると思いますか？」という声かけや、一言メモだけの検索の依頼は、私が司書として信頼できるかどうかを見極めるためであったのかもしれません。

03.
小さなどきどきの積み重ねに

　週のはじめ、司書は、どきどきしながら職場へ向かいます。

　休みの間に、どれだけの文献複写依頼が届いただろう。
　先週消化器外科のＵ先生に依頼された調査、あれでよかったのかな。
　そろそろ来年度の雑誌契約の見積準備を始めないと……秋だなあ。

　一日単位や週単位の段取りを考えつつ、職員用出入口から病院の中へ。

　総合窓口では、医療コンシェルジュやボランティアのみなさんがフル稼働。
　初診患者さんの誘導、受付機の操作補助、電動カートの整理、車椅子の用意など。
　邪魔にならないよう端を歩いてエレベーターを通り過ぎ、階段室へ。

　誰もいないし、ちょっと運動がてらにと階段を駆け上がると、話し声が。
　患者さんが理学療法士に付き添われ、段差を使ったリハビリをしていました。

邪魔にならないよう会釈をしながら静かに通り過ぎ、事務局へ。

　週末に届いた郵便物を抱えて図書館へ行くと、看護職の制服を着た方がいました。

「あなたがこの病院の司書ですか？」
「はい。失礼ながら、きっとはじめてお会いしますよね」
「そうですね。今日から医療安全部門の主任としてこの病院に来たＪです」
「そうなんですね。Ｊ主任、これからよろしくお願いします」
「ということは」
「ということは？」
「あなたに論文の取寄せや調査をお願いすれば、いいんですね」
「はい。どうぞ遠慮なくお声がけください。おそらく以前にいらした病院とは、少し勝手が違うと思います。主任のご都合のよい時に、当院契約のリソースへのアクセス方法や複写依頼の手順をご説明いたします」
「ありがとうございます。では後ほど声をかけます」

　（Ｊ主任、きっと前の病院でも図書館を活用してくださっていたのだな）

　デスクに着いたらすぐにパソコンの電源を入れ、新着のEmail を確認します。Ｕ先生からお礼のメッセージが届いているのを見てほっとしたのも束の間、文献の複写依頼が大量に届いていることに気づきました。

（今日の仕事の最優先は、複写依頼だな。午前中にすべて処理できれば。そうすれば今日の午後の便で送っていただけるだろうから、依頼者の手元により早く届く）

　医療職の文献入手は、正確さと共に、スピードがとても重要です。時間との戦いに胸をどきどきさせながら、司書はデータベースを開き、依頼内容の確認を始めました。

　（この文献は発行元の機関リポジトリに本文があるな。パーマリンクをお送りしよう）
　（あれ？　著者と論文タイトルが合わない……発行年もページ割も違う……。たぶんタイトルが似ているこちらの文献と書誌事項が混ざったのだな。どちらが必要か、どちらも必要か、聞いてみよう）
　（あらら、先週末に対応した文献をまた依頼している方がいる……行き違いかな。キャンセル扱いにして、到着予定をお知らせしよう）
　（この文献は訂正が入ったんだな。出版社のサイトに訂正内容の全文は……あったあった。文献が到着したら、念のため、お渡しする前に訂正事項が反映されているか照合しよう）
　（この依頼者、学会抄録を希望しているけれど、本当にこれでいいのかな？　論文化されたものがあるから、そちらに変えた方がよいか、聞いてみよう）
　（この文献はコメント論文が出ているな。まずは依頼分を処理して、後でコメント論文の入手希望を聞いてみよう）
　（あっ、この依頼は速達指定だから、急がなきゃ。近くのC

病院に所蔵があった。ここはいつもとても早く対応してくださるけれど、受付方法がファックス限定だから、すぐに専用の依頼書を作成しないと）

　すべての対応を終え、ふと時計を見ると、もう昼休み。今日の職員食堂のランチはなにかなと気持ちが緩んだのも束の間、PHSが鳴りました。外部からです。

　C病院の図書館の司書、Hさんでした。

　さっき送った依頼書に不備があったのかと、どきどきしながら応答します。

「お世話になります。当方の依頼内容に不備や不足がございましたか」
「いえいえ、なんだかうまく受信できなかったみたいで、ちょっと読みづらい箇所があったんですよ。念のため、確認してもいいですか？　○○の箇所です。」
「すいません、お手数をおかけしてしまって。では読み上げます……」
「こちらこそ……はい、大丈夫です。今日の速達でお送りしますね」
「ありがとうございます。大変助かります」
「ところで」
「ところで？」

　司書は再び、どきどきしました。

「そちらに、Ｊさんが行きましたよね」

「Ｊさん？」

「確か、医療安全に配属されるって聞きました」

「ああ、Ｊ主任ですね。今朝、お会いしましたよ」

「もう会えたんですね、うれしいです。実は彼、私が以前働いていた大学の学生で、図書館をよく利用してくれていたんです。その後、私がＣ病院に転職したら、ＪさんもＣ病院に就職することになって。もう何年の付き合いになるかしらっていうくらい、彼とはご縁があるんです。だから、勝手に親みたいな気持ちになっちゃって、大丈夫かなって」

「そうなんですね」

「彼はとても勉強熱心なので、きっとそちらの図書館もたくさん活用すると思います。どうかよろしくお願いしますね」

「はい。素敵なお話をありがとうございます」

　昼休みを終えて図書館に戻ると、Ｊ主任がいました。

「あなたの説明を聞こうと思って。あまり時間はないけれど」

　Ｈさんからの言葉を胸に秘め、司書は答えました。

「では、簡単にご説明いたします。こちらへどうぞ」

　小さなどきどきを積み重ねながら、今日も司書は、司書として、動きます。

病院司書同士のつながり

　病院司書が仕事や自己研鑽で頼りにしている存在のひとつが、病院司書が集まるコミュニティです。病院司書が中心となっている日本の団体には、「日本病院ライブラリー協会」[1]「近畿病院図書室協議会」[2] などがあります。また、医学や看護、薬学などに関する図書館の団体に病院図書館や病院司書個人が属していることがありますし、各地域で医学・医療情報を扱う司書が図書館の種類を問わず、自主的に勉強会を開催することも多くあります。

　ひとりで仕事を遂行することの多い病院司書にとって、これらのコミュニティはとても貴重な存在です。私も、近隣で開催される病院司書の勉強会で、規模の小さい病院図書館だからこその苦労や工夫を分かち合っていました。何度か参加をしているうちに他の病院司書と顔見知りになり、教えてもらってばかりいた自分が、他の病院司書に頼りにされたりすることもありました。知り合いの病院司書が送ってくれた複写文献の明細書にかわいい付箋と一言メッセージがあるのを見つけ、ほっこりすることもありました。

　また、この章のように、知り合いの司書がいる病院から自分の所属する病院に医療職が異動するという連絡を受けたことも数回ありました。私は医学部のある大学図書館に属したこともあるのですが、病院司書は医療現場の中にいる司書だからか、医療職との距離が大学図書館よりいろいろな面で近いと感じま

した。ですから、今回の H さんと J 主任のように、病院司書が親に近いような愛情を持って利用者と接することも不思議ではない気がしています。

　病院司書が現場でどのように工夫を凝らしながら仕事をしているかなどの報告も、上記のコミュニティや、司書の所属する機関が発行する機関誌等に掲載されています。機関誌自体も一般的にはあまり目にしない資料ではあるのですが、オープンアクセスになっている文献もあります。機関リポジトリについては、16 章で解説します。

1）日本病院ライブラリー協会 . https://jhla.jp/.
2）近畿病院図書室協議会 . https://www.hosplib.info/.

04.
ひとりで、いちから

「ワンパーソンライブラリー」
「ソロライブラリアン」

　ひとりで運営する図書館や司書を指す言葉です。
　病院図書館の多くは、この体制です。

　とはいえ。

　小さくても、見えなくても、図書館。
　ひとりでも、司書の仕事は変わりません。

　その司書が着任した病院でも、図書館で働くのは自分ひとりでした。以前に別の図書館で働いたことはありますが、ひとりではありませんでしたし、病院ははじめてです。図書館の経験はあっても、経験したこと以外は、よくわかりません。

　さあ、どこから手をつけようか。

　よし。

　とりあえずは、できるところから。

まずは、書架に雑然と配架された資料の並べ替えから。病院図書館にある多くの資料は医学や医療に関係したものなので、分類には NLMC[1] を使うことにしました。書架の奥に押し込められた謎の段ボールをひとつひとつ開けては持ち主を探したり、資料の間に差し込まれた好意の置き土産（使い込まれた古い教材や娯楽用の週刊誌やコミック、英語学習用 CD などの元私物）を見つけては抜き出したり。配架位置を示すための案内板は、クリアポケットとブックエンドを使い、自分でつくりました。

　利用の大半を占めているのは、電子ジャーナル。インターネットを介して提供される雑誌です。電子ジャーナルは出版社や契約形式などによって、アクセスする先や利用方法が異なります。幸い、それらを管理するためのリンクリゾルバ[2] は導入されていました。でも図書館システム[3] はなく、冊子の図書や雑誌は表形式のデータファイルに入力されていただけで、利用者が所蔵を確認することはできませんでした。そこで、リンクリゾルバに冊子体の図書と雑誌も登録できるように設定し、利用者が冊子・電子を分け隔てなく検索できるようにしました。併せて、図書館の設置面積や書架の収容限度を考え、雑誌だけではなく図書の電子化も進めていくことにしました。

　ILL[4] は、加盟団体の提供する専用システムや FAX を使います。リンクリゾルバの検索結果には、利用者から司書に直接依頼できるフォームがあらかじめ設定されています。ILL 以外の依頼（参考調査や代行検索、リモートアクセスの設定など）については、司書自身でウェブフォームを作成し、リンクリゾ

ルバのトップ画面に置きました。選書は、これまでに培った自分の目と、同じ職場にいるさまざまな臨床家の希望やアドバイスを頼りに行います。

　ほぼ毎日発生するのは、他機関への文献複写依頼。
　代行検索や参考調査は、月に数回。
　図書の発注や資料の受入は、随時。
　支払処理は、月締めに間に合うように。

　春に多い質問は、図書館やデータベースの使い方。
　徐々にスライド作成や引用方法の質問が増えます。
　秋は契約見直しと見積り依頼、稟議書の作成。
　年末年始は電子資料のアクセス確認や設定の変更。
　年度末は次年度の準備と、今年度のまとめ。

　毎日が、一年が、ばたばたと過ぎていきます。
　気がつけば、終業時間。時間はいつも足りません。
　でも司書は、そんな日々が嫌いではありません。

　いちから、ひとりで、図書館をつくる。
　なかなか経験できることでは、ないからです。

　さあ。

　今日は、何から始めよう。何が起こるかな。

　小さくても、見えなくても、図書館。

ひとりでも、司書の仕事は変わりません。

1）National Library of Medicine. National Library of Medicine Classification. https://classification.nlm.nih.gov/. (米国国立図書館分類表)
2）必要とする文献の全文情報のアクセス方法をリンキングで案内するシステム
3）図書館に所蔵する資料の登録や貸出状況、発注などを管理するシステム
4）Interlibrary Loan の略。図書館間貸借、図書館相互協力とも言う。図書館同士の互助関係のもと文献のコピーや資料の貸出などを提供し合う仕組み

ワンパーソンライブラリー

　この章では、ワンパーソンライブラリーの仕事を、一日や月、年の単位などで綴ってみました。

　私自身は、医学領域の学部を持つ大学の図書館や医学書を専門に扱う書店での勤務経験があり、医学文献の扱いについてはある程度の知識を携えて病院司書の仕事を始めました。また、ほぼゼロの状態からひとりで新しく図書館をつくるというのは労力を要することでしたが、ひとりで動くのも医学文献を検索することも好きな私にとっては、自分の城をつくりながら、それまで学んできたことの腕試しをするような感覚の、楽しい仕事でもありました。

　病院司書の中には、医学文献を扱った経験がない状況で病院図書館に配属された方もいらっしゃいます。司書資格を持っていたとしても、司書資格を取得するための授業には、医学情報に特化したものはありません。病院図書館がすでにあって後任として配属される場合であっても、さまざまな面で不足した状況からスタートする司書が多くいるのではないかと思います。

　私の大先輩である、奥出麻里さんも、そのおひとりです。

　奥出さんは、1977 年に病院に入職し、2016 年 3 月の定年退職の日まで、病院司書として職務に従事されました（退職後

は大学の図書館に入職されました）。彼女の病院司書としての40年をまとめた著書[1]には、入職の日から退職の日まで欠かさず綴っていたという173冊の仕事日誌を元に、時代と共に変化する病院司書の日々の仕事が描かれています。

1）奥出麻里. 病院図書館の世界：医学情報の進歩と現場のはざまで. 日外アソシエーツ, 2017, 190p., (図書館サポートフォーラムシリーズ), ISBN978-4816926495.

05.
愚人の愚

　司書は、とにかくメモをとることを意識していました。

　なぜなら、昔から物忘れが激しいことを自覚しているからです。

　学校からの通知表には、毎年「忘れ物が多い」と書かれていました。

　そして今日は、メモをとるためのノートやスマートフォンを家に忘れました。

　（またやってしまった……この愚かさは、一生治らないのかな）

　とぼとぼと図書館へ向かっていると、遠くから手を振る方がいます。

　外科部長であり、臨床研修のとりまとめもしている、Y先生です。

「おはよう、司書さん」
「おはようございます」
「今朝のニュース、見た？　医療過誤の」
「はい、驚きの判決が出ましたね」
「今朝の分だけでいいから、あの事件を扱った新聞記事を僕

に送ってくれる？　午後からの研修医との懇談に使おうと思って」

「承知しました。午前の診療時間が終わるまでにお送りします」

「ありがとう。よろしくね」

　Y先生は、颯爽と手術室の方角に消えていきました。

　司書は慌ててペンを出し、手の甲に「Y先生　新聞」と書きました。

　Y先生は、今年からこの病院にやってきました。忘れっぽい司書でも、Y先生が着任してすぐに司書を呼び出したことは、覚えています。部長室へ行くと、すでにY先生がパソコンを開いて待っており、司書が入室するや否や、電子ジャーナルのアクセス方法を尋ねてきました。司書がひととおりの説明を終えると、それまで無表情で静かに頷いていたY先生が、「これからお世話になります」と、笑顔を返してくれたのでした。

　図書館に入り、早速パソコンを立ち上げ、複数の新聞社のサイトへ。

　同じことを報じているのに、印象が異なる、各社の記事。

　司書は、該当記事のパーマリンクをすべてコピペし、Y先生宛のEmailに貼りつけていきます。併せて、これもひょっとしたら役立つかもしれない、と関連する法令や過去の類似した判例のリンクも送りました。

送信完了。

　よし、今日やろうと決めていた仕事をしよう。

　毎日の仕事は、急な案件がない限り、パソコンのモニターに表示している付箋アプリのメモに沿って行います。毎回の終業時に、次の仕事と優先順位をメモしてから、図書館を後にしているのです。以前はメモ用紙に書いてデスクに貼っていたのですが、一度そのメモが剥がれて落ちたとき、出勤早々必死の形相でデスクの隙間に手を伸ばすはめになったことを経験してからは、アプリを使うようになりました。

　ちょっと一息とカバンを覗きましたが、水筒がありません。今朝お茶を入れたはずの水筒は、キッチンにあるようです。

　（今日は特に忘れ物の多い日だな、我ながらびっくりだ）
　飲み物を買いに、職員用の自販機エリアへ。どれにしようか迷っていると、医局秘書のBさんに声をかけられました。

「司書さん、これよかったら。きっと好きだと思って」
「ありがとうございます。はい、大好物です」

　個包装になった、小さなチョコレートのケーキでした。

　（お茶を忘れたことが、ごほうびにつながっちゃった）

　ケーキとコーヒーをさっといただき、仕事に戻ります。

急な仕事がない時は、よく使うデータベースにアクセスしたり、病院図書館関係の発行物やメーリングリスト、主要な医学誌の目次などに目を通します。日常の仕事と共に、いつ、どんなことが起きても適切に対応するために必要な知識や技能をアップデートすることが、病院司書の務めだと考えているからです。

　数日後、図書館にY先生がやってきました。手に何かを持っています。

　「この間はありがとう。これ、よかったら。きっと好きだと思って」
　「こちらこそ、ありがとうございます。拝見いたします」

　Y先生は颯爽と、図書館を後にしました。
　渡されたのは、Y先生が専門誌に寄せた、記憶に関するエッセイでした。その冒頭にあったのは、周利槃特^{チューラパンタカ}を例えにした物忘れの話でした。

　（この槃特って人、私みたいだ……）

　槃特は物忘れがひどい人物として、法話などによく登場する、釈尊の弟子です。おそらく、Y先生は単に私が司書だから読み物が好きだろうと、内容とは関係なく抜刷をくださったのでしょう。ですが、司書は、自分とよく似た槃特に対し、ご縁を感じずにはいられません。

（これも、ごほうび。帰ったら槃特について調べてみよう）

　帰宅して『国立国会図書館デジタルコレクション』[1]にアクセスし、槃特について書かれた資料の中から、『仏弟子伝』[2]を開きました。そこには、釈尊が、自身の物忘れのひどさに絶望して泣く槃特を慰めた時の言葉がありました。

　愚人の愚というは
　寧ろ智者にて
　愚人の智者と名乗るぞ
　真の愚者なれ

　司書は、自分が釈尊に慰められているような気持ちになりました。

　愚かであることを自覚し、学びを重ね、司書は明日も働きます。

1）国立国会図書館デジタルコレクション . https://dl.ndl.go.jp/.
2）山辺習学著 . 仏弟子伝 . 無我山房 . 1928. https://dl.ndl.go.jp/pid/1920923.

デジタルアーカイブ

　周利槃特は、釈尊の弟子の中で最も出来が悪かったけれども高い悟りを開いたとされる人物です。この章で引用した『仏弟子伝』の一文は、「自分の愚かさを知る者こそが賢者である」という内容です。「賢者」がどのような人を指すかについては、釈尊の教えと一般的に広く使われている意味に違いがあるのですが、いずれにせよ、私はといえば、愚かであることを自覚し愚かなりにもがいてはいるけれども、何かを成し得たり、悟りを開くような境地とは無縁な毎日を送っています。

　そんな私のことはさておき、ぜひみなさんに活用していただきたいのが、この章で司書が『仏弟子伝』を読む時に開いた「デジタルアーカイブ」です。デジタルアーカイブとは、さまざまな知的資産をデジタル化し、広く利用できるように整える仕組み・サービスのことです。司書の利用した『国立国会図書館デジタルコレクション』も含む、日本のデジタルアーカイブのプラットフォーム『ジャパンサーチ』[1]では、さらに多種多様な機関・分野のデジタルアーカイブ資料をまとめて見ることができます。

　日本で発信されている、医学や医療に特化したデジタルアーカイブもあります。
　名古屋大学附属図書館医学部分館の提供する『近代医学の黎明デジタルアーカイブ』[2]は、同大学の医学部資料室にある貴重な資料が解説とともに提供されています。

患者さんの語りを対象としている『ディペックス・ジャパン』[3] は、病気の当事者やその家族だからこそ伝えられる経験や思いを数分の動画にまとめ、テーマ別にアーカイブしたもので、同じ病気を持つ方たちの心の支えとしても、医療職向けの教材としても活用されています。

　1）ジャパンサーチ. https://jpsearch.go.jp/.
　2）名古屋大学附属図書館医学部分館. 近代医学の黎明デジタルアーカイブ. https://www.med.nagoya-u.ac.jp/medlib/history/index.html
　3）ディペックス・ジャパン. 健康と病いの語り. https://www.dipex-j.org/.

06.
距離と壁

「今、いいかな？　うまくダウンロードできなくて」
「はい、大丈夫です。すぐ行きます」

　腫瘍内科のW先生からの電話を受け、司書はすぐに医局へ
向かいます。といっても、病院図書館は医局のすぐ隣、壁をひ
とつ分け隔てた場所にありますから、1分と経たずに到着しま
す。病院図書館は、利用者との距離が本当に近いのです。

　医局に入り座席表を確認して、W先生のデスクへ。
　パソコンとブラウザの設定を確認し、無事ダウンロード完
了。

「どうもありがとう。助かったよ」
「いえいえ。あ、先生、こちら……」
　M先生のデスクに飾ってあった、デヴィッド・ボウイの『★
(Blackstar)』[1]が、司書の目に留まりました。ボウイが癌で亡
くなる二日前にリリースしたアルバムです。

「あ、これね。ボウイは昔から好きだけど、これは特別」
「BMJのあのブログ、私も読みました」
「うん。僕の立場としては心して聴かないとね」

「BMJ のブログ」とは、British Medical Journal Group の発行する『BMJ Supportive & Palliative Care』のブログに投稿された、緩和ケアの専門医によるボウイへの感謝の手紙[2] です。この投稿への反響は大きく、ボウイの一周忌が近くなったということもあり、数か月後には本誌にも掲載されました[3]。

普段はとても重く語りづらい、患者との「死」についての対話が、ボウイの話題によってオープンなコミュニケーションになったこと。ボウイの作品には、緩和ケアを実践する際の大きなヒントがたくさん含まれていること。ボウイの人生の終い方は、ACP[4] の観点からも重要な意味を持っていること。そのような内容が、ボウイのファンである医師の思い出と共に記されています。

デヴィッド・ボウイ、すごいな。
生き方もスターだ。ヒーローだ。

いや、ヒーローは違うかな。
彼が歌ったのは「ヒーローたち」だから。

" 私たちは一日だけ英雄になれる "
「Heroes」by David Bowie[5]

ドイツがまだ西と東に分かれていた頃、ボウイがベルリンの壁を背に西ドイツでこの曲を歌ったこと。壁越しに耳を傾ける東ドイツのファンのため、いくつかのスピーカーを観客ではなく壁に向けていたこと。ボウイの死に際し、ドイツの外務省

が「ボウイはベルリンの壁の崩壊に協力してくれた」という感謝のツイートをしたこと [6]。いずれも有名なエピソードです。

　司書は、「Heroes」を頭の中で再生しながら思いました。

　一日だけのヒーローも素敵だけれど、私はヒーローにならなくてもいいから、一日でも多く利用者の役に立つような司書としてこの仕事を続けたい。でも、そうなるためには、まだ、いろいろと足りていない。そして、その足りなさが、司書という私自身と利用者との間の「壁」になり得ることは、ちゃんと意識しておきたい。

　うん。

　少しずつでいいから、この壁を崩していこう。
　壁を崩しながら、司書の専門性を築いていこう。
　図書館と医局との距離と同じように、
　利用者との心の距離も、縮めていけるといいな。
　適度な距離感で、互いの専門性を尊重できたら。

　1月。また、新しい年がやってきました。
　司書は、今年も司書でいられることに感謝しています。

1) David Bowie. ★ (Blackstar). https://www.allmusic.com/album/blackstar-mw0002894417.

2) BMJSPC blog. A thank you letter to David Bowie from a palliative care doctor. https://go.shr.lc/2SIUgPo.

3) Taubert, Mark. Thank you letter to David Bowie from a palliative care doctor. BMJ Brog Supportive & Palliative Care 2016, vol.6, no,4. p.500-501. doi: 10.1136/bmjsp-care-2016-001242.

4) Advanced Care Planning の略。日本では「人生会議」と呼ばれる。参考：ゼロから始める人生会議 . https://www.med.kobe-u.ac.jp/jinsei/index.html.

5) David Bowie. Heroes. https://www.allmusic.com/al-bum/heroes-mw0000098921.

6) GermanForeignOffice. https://twitter.com/GermanyDiplo/status/686498183669743616.

医学文献と音楽

　ある医療職の集まる会議に出席した時、隣の席に座っていた方が、資料を見ながら鍵盤を叩くように指を動かしていました。休憩中に「ピアノを弾かれるのですか？」とお尋ねすると、「元々音楽が好きなのだけれど外科医として指先を訓練する目的も兼ねてピアノを習っている」「今日はこの会議が終わったらレッスンなんだ」と答えてくださいました。その方は続けて「みんながみんな、そういうわけじゃないけどね」ともおっしゃっていましたが、音楽が好きな医療職は結構多いのではないかと思っています。

　医療職の資格を持つ日本のミュージシャンとしてまず思い出すのは、おそらくメンバー全員が現役の歯科医である「GReeeeN」[1] ではないでしょうか。GReeeeN よりちょっと前の世代だと、サエキけんぞうさんも「パール兄弟」の活動と並行して歯科医をしていました[2]。バンド活動をしていることを公言している総合医の尾藤誠司さん[3] や、精神科医の東徹さん[4] などもいらっしゃいます。

　音楽に関係した医学や医療のトピックも、多くあります。映画『パーソナルソング（原題：Alive Inside)』[5] などでも注目された音楽療法を行ったり、音楽家特有の整形外科疾患に対応する「音楽家外来」を設置する病院もありますし、野外音楽フェスティバルでは医療チームが活躍しています。2004 年 8 月に

75,000 人の規模で開催された「長渕剛オールナイトライブ in
桜島」では、鹿児島市医師会が中心となって総勢 196 名の医療
チームを結成し、午後 9 時から翌朝 7 時まで救急救護活動を行
いました [6]。

　医学文献の中にも、今回の章でとりあげたようなミュージ
シャンや楽曲を用いたものが多くあります。個人的には特に、
ビートルズをよく見かけるという印象を持っています。

　基礎医学の基本書のひとつである『細胞の分子生物学（原
著：Molecular biology of the cell）』の 3 版から 6 版までとそ
の姉妹書である『Essential 細胞生物学（原著：Essential cell
biology)』の裏表紙は、ビートルズのレコードジャケットを模
した画像に著者を入れ込んだデザインになっています。『細胞
の分子生物学』は、ビートルズが音楽を変えたように、細胞生
物学の様相を変えたとも評されています [7]。

　2022 年に刊行された『細胞の分子生物学』7 版の裏表紙は、
ビートルズのジャケットではなく「各著者の遺伝的肖像」とい
うテーマのデザインが採用されています（著者の本当の DNA
配列を提示したものでありません）。しかしながら、背表紙の
解説を見ると、ひょっとしたらビートルズを意識しているので
はないかという記述もありました。次の版ではどのようなアプ
ローチで裏表紙をデザインしてくださるのか、楽しみです。

　また、医学論文の中にもビートルズの存在が見受けられます。
『The long and winding road』は、当時スコットランドの農
場にいたポール・マッカートニーが、丘へと続く何マイルもの

長い道をドライブしていたときに曲名を思いついたというエピソードがありますが [8]、『PubMed（パブメド）』[9] を検索すると、この「long and winding road」（長く曲がりくねった道）という表現をタイトルに含む文献が 500 件見つかり、さらに「lung and winding road」（肺と曲がりくねった道、long の o を u に置き換えただけ）のように曲名をもじったと思われるタイトルの医学文献も多く存在します。

PubMed は、アメリカの税金でつくられた、世界最大の医学文献データベースです。登録されたすべての書誌データ（文献に関する情報）が無料で公開されており、誰でも手軽に医学文献を探すことができます。この本でも、いくつかの章に PubMed が登場します。

PubMed に登録される書誌データの大半には、『MeSH (Medical Subject Headings, 医学件名標目表、メッシュ)』[10] による索引語がついています。索引語とは、文献の主題や形式を端的に表すため一定のルールに従って整理された用語のことで、件名標目や統制語、シソーラスとも呼ばれます。文献検索では、これらの索引語だけではなく、索引語以外の知りたいことがらについての言葉も組み合わせます。文献そのものや文献に関する情報を隅から隅まで読まなくても、書誌データの索引語を見れば、おおむねどのような内容なのかを把握することもできます。日本の医学文献を対象にした『医中誌 Web』[11] という文献データベースでも、『医学用語シソーラス』[12] という索引語が使われています。

MeSHや医学用語シソーラスには、主に医学や医療、健康に関する索引語が収録されていますが、「Music（音楽）」や「Singing（歌うこと）」、「Music Therapy（音楽療法）」なども登録されています。音楽と関わりのある医学文献があるからこそ、これらの索引語が登録されているのだとも言えるわけです。

　ただし、本章やコラムの中で引用した医学文献のほとんどは、音楽に関係した索引語が付いていません。なぜなら、それらの文献の主題は「緩和ケア」や「細胞生物学」などであり、音楽そのものではないからです。

　では、どうやったら、このような文献を見つけることができるのでしょうか。

　そのような疑問や課題を解決する糸口を見つける際にも、図書館を活用することができます。

　図書館には「レファレンスサービス（参考調査）」という、利用者からの質問に対し、文献や事項の調査を行う仕事があります。私も今回、順天堂大学学術メディアセンターの城山泰彦さんに『細胞の分子生物学』7版の裏表紙を確認していただきました。執筆当時、日本の学術図書館の所蔵も確認できる『CiNii Research』[13]で調べたところ、7版を登録していたのは順天堂学術メディアセンターを含めて2館だけでした。私の急な質問に素早く応じてくださった城山さんに、心より感謝申し上げます。

レファレンスサービスは、どの種類の図書館でも行われる、図書館の基本的な仕事です。レフェラルサービスという、利用者の質問に関係する人や組織を紹介する仕事もあります。この本の22章では公共図書館のレファレンスサービス、31章では病院図書館でのレフェラルサービスの一例を取り上げています。なにかについて知りたい、知りたいけれどどうしたらよいかわからないというときには、図書館の資料だけではなく、司書も活用してみてください。レファレンスサービスの受付方法は図書館によって異なりますし、電話やEmailで依頼ができる場合もありますので、事前にその図書館の窓口やウェブサイトで確認しておくとよいでしょう。

　それにつけても、今回はかなり長いひとりごとになってしまいました。

　今後の章にも関わる説明をこちらでまとめたこともあるのですが、一番の原因は、私自身、音楽が大好きだからです。勤務を除けば、図書館よりもライブハウスや映画館にいることのほうが多い私の手元には、ひとりで、あるいは司書の力を借りながら手に入れた「医学と音楽」に関する文献や書誌データが、まだまだたくさんあります。いつか、「音楽好きな司書が見つけた医学文献のあれこれ」みたいなテーマでも、まとまった文章を綴ることができたらよいなとも思っています。

1) GReeeeN Official Website. http://greeeen.co.jp/.
2) サエキけんぞう オフィシャル. https://saekingdom.com/.
3) 尾藤誠司@"うまから". X（エックス）. https://twitter.com/bitoseiji

4）東徹　精神科医 . Peing: 質問箱 . https://peing.net/ja/q/733d0851-0a0a-427c-88f2-8c2cd918066e

5）IMDb. パーソナルソング . https://www.imdb.com/title/tt2593392/.

6）有村敏明 , 年永隆一 , 中島正男 , 川井田修 , 中川宏行 . 野外コンサートでの救急救護の経験 . 日本臨床救急医学会雑誌 . 2007, 10(5), p.529-533.

7）Serpente N. Beyond a pedagogical tool: 30 years of Molecular biology of the cell. Nature Reviews Molecular Cell Biology. 2013, vol.14, no.2, p.120-125. doi:10.1038/nrm3513.

8）Howard Sounes. Fab: An Intimate Life of Paul Mccartney. HarperCollins Publishers Ltd, 2010, 248p. ISBN978-1922083197.

9）National Library of Medicine. PubMed. https://pubmed.ncbi.nlm.nih.gov.

10）National Library of Medicine. Medical Subject Headings. https://www.nlm.nih.gov/mesh/meshhome.html

11）医学中央雑誌刊行会 . 医中誌 Web とは . https://www.jamas.or.jp/service/ichu/.

12）医学中央雑誌刊行会 . シソーラスブラウザ . https://thesaurus.jamas.or.jp/. ※医学用語シソーラスの無料公開版

13）国立情報学研究所 . CiNii Research. https://cir.nii.ac.jp/.

07.
顔を知らない仲間

終業時刻。
でも、今日は、まだ帰りません。

院内の勉強会に参加するからです。

　医務課の職員が月に一度、医学の基本を学ぶための勉強会
を開催することを知りました。通知にあった「どなたでも参加
可能です」の文字を見て、すぐに「司書でも参加できますか？」
と医務課の担当者へメッセージを送りました。

　退勤時刻を登録し、開始時刻までデスクで待機。
　開始時刻 10 分前になったので、指定の会議室へ。

　司書が「失礼します」と声をかけて中に入ると、すでに着
席していた人たちが振り返り、「この人は誰だろう？」という
表情で会釈してくれました。

　（ば、場違いだったかな……）

　うろたえる司書へ、会議室の前方から声がかかりました。

「あら！　司書さんも参加してくれたんですね」

今回の講師、Ｎさんです。

　Ｎさんは、長年この病院の教育研修や人事を担当し、定年で退職してからは人材育成の仕事をしています。司書の採用時の面接官も、Ｎさんでした。自分のことを知っている人がいることにほっとした司書は、Ｎさんに笑顔で会釈をし、会議室の最後列にそっと着席しました。

　「では、そろそろはじめましょうか。といっても、今日は最初ですから、勉強会の概要を簡単にお話しして、あとは参加者がお互いを知る時間にしましょう」

　Ｎさんの講義がはじまりました。

「今回、この勉強会に参加している人のほとんどは、医療専門職を支える立場です。みなさんが、診察や投薬、看護を行うことはありません。なのに、なぜ、みなさんが医学を学ぶことが求められるのか。それは、みなさんと医療専門職とのコミュニケーションをより円滑にすることと同時に、医療の現場で働くチームの一員として、自分の仕事の先にいる患者さんやご家族のことを、より深く強く意識してほしいからです」

　司書はこのＮさんの言葉を聞いて、ある人を思い出しました。

　続いて、二回目からの内容や学習状況の確認についての説明があり、最後に自己紹介をする時間になりました。

病院の総合受付を担当する職員。

病棟クラークを担当する職員。

診療報酬の請求を担当する職員。

地域連携室で市民や関連機関の支援を担当する職員。

　病院は、医療の専門職だけで成り立ちません。この勉強会に参加している職員の仕事以外にも、たくさんの役割があります。さまざまな仕事をする人たちがさまざまな角度から、病院を、そして、この地域の医療を支えています。

　（顔を知らなくても、直接交流が無くても、みんな、チームの仲間なんだよな。仲間の仕事は、ちゃんと知っておきたい。自分の仕事も、知ってもらえたら。顔ではなく、仕事を知ってもらいたいな）

　司書の番になりました。

「図書館に勤務しています。よく図書館に来てくださるのは、医師や看護師なんですけれど、病院図書館はすべての病院職員のためにありますので、みなさんにも活用していただけたらうれしいです」

　病院に図書館ってあるの？　駅前にある図書館みたいなもの？　病院の中で本が借りられるの？　という声があがると、Nさんがフォローをいれてくれました。

「そうなんですよ、この病院には、図書館があるんです。仕事

や学習などで裏づけのある情報が必要であれば、司書さんをどんどん頼ってくださいね」

なるほど！ という表情の、みなさん。

（あ、そうか！ 役割の説明を忘れてしまった……）

司書はただただ、みんなに頭を下げました。

第1回の勉強会が終わりました。

司書は、帰路につきながら、冒頭のNさんの言葉をきっかけに思い出したことを反芻していました。それは以前、医学司書の主催する専門用語を学ぶ勉強会に参加した時、最後に参加者全員に向けて、講師が発した言葉でした。

「今回の講義で説明したことを理解しなくても、司書の仕事はできますし、図書館の運営に大きな影響が出ることはないでしょう。でも、利用者から信頼される司書のいる図書館でいられるかどうかは別の話です。あなたは、利用者にとってどんな司書になりたいですか。なにより、あなた自身がどんな図書館を利用したいですか」

利用者のために。
患者さんや患者さんのご家族のために。

顔を知らなくても、仲間。

顔を知らなくても、大切にしたい人。

司書として、できることはなんだろう。

司書でい続ける限り、考え続けよう。
考え続けるためにも、学び続けよう。

次回の勉強会が、楽しみです。

院内研修

　私自身も病院に勤めていた時、同じような勉強会に参加していました。その勉強会は、領域別の講義が各回で行われ、最終回には合否を決めるためのテストもありました。講義ではいわゆる医学的な内容だけではなく、病院ならでは（その領域で医療職がよく使う略語や診療報酬との関係、患者さんへの対応など）の話題も含まれており、その後の図書館運営にも役立てることができました。

　病院司書の病院での位置づけは、事務職です。普段は医師や看護師などの医療職、その中でも図書館を利用してくださる方と接することがほとんどなので、他部署の事務職や普段図書館をあまり利用しない方と交流することができるというのも、大きなメリットでした。

08.
寡黙の饒舌

　本日の司書は、出勤早々、事務局で平謝りです。

　昨日、退勤時刻の登録を忘れてしまったので、総務課へ始末書を提出することを求められました。相変わらずの、うっかりぶりです。

　図書館に戻ろうとすると、司書を呼ぶ声がしました。

「司書さん、ちょっと」

　（うわっ、事務局長の声だ……）

　司書は、その声だけで、少し汗ばんでしまいました。
　重い足をできるだけ早く動かし、事務局長のデスクへ。

「司書さん」
「はい」
「来年度分の契約額、また上がったね」
「はい」

　（やっぱり……）

「契約額」とは、図書館で契約している電子ジャーナルやデータベースの年間使用料のことです。毎年、上昇することはあっても、下降することは、まず、ありません。また、病院で契約を行う場合、病床数や医師数で価格を算出するものが多いので、この病院が地域の基幹病院として年々規模を拡大しているというのも、上昇の一因になっています。

「稟議は何とか通したけど、理事会でも話題になったんだよ。司書が来てからずいぶん図書館の支出が増えたけれど、どういうことなの？　って。稟議書には根拠も示してあるし、医療職にとって必要ってことはわかるんだよ。でもね……」

「あっ」

　俯き黙っていた司書が、突然声をあげました。
　司書は、はじめて事務局長の言葉を遮りました。

　普段は寡黙な司書が、急に饒舌になりました。

「毎年、事務局長にはご理解いただいた上でお手数をおかけしていて、本当に申し訳なく思っています。感謝もしています。でも、一点だけ訂正してもよろしいでしょうか」
「なに？」
「今、事務局長は“医療職にとって”とおっしゃいました」
「うん」
「違うんです」
「どこが違ってたかな」

「あの……医療職のためだけじゃないんです」
「えっ」

　司書は、事務局長の戸惑う空気を読まず、そのまま発言を続けました。

「この病院の図書館は、この病院で働くすべての人が利用できます。こちらにいらっしゃる事務職の方々も、です。契約しているものの中には、病院経営や病院事務の業務改善に役立つ情報も含まれています。どうしても医師や看護師向けのリソースが多くなってしまいますが、できれば、多様な立場のみなさんに、広く深く使っていただきたいんです。きっとそれが、病院全体の質の向上にもつながると思うんです。なにより、司書が配属される前と後で契約数や契約価格が大きく異なるのは、それまで必要不可欠なリソースですら確保できていなかったという現状があったからです。もちろん、理想論だけを掲げるのではなく、費用を抑えるための対策は行っています。たとえば、電子ジャーナルのアクセス記録を元に、利用率があまりに低いものは希望部署の長と話し合い、年間契約ではなく個別のコンテンツ入手に切り替えたりするなどです。ただ、目先の費用だけではなく、この病院やこの地域の医療を長い目で考えるのであれば、病院という医療の最前線での情報入手において、基本であり必須だと考えられるリソースの契約を無暗に打ち切ることだけは、できるだけ避けたいと考えています」

　司書はここまで話して、息切れをしてしまいました。
　事務局長は、長いため息をつきながら、頷きました。

「理解はしているよ。でも、見直しは継続で」
「はい」
「あと、明日のサーベイ、よろしくね」
「はい……失礼します」

　司書は、図書館に戻り、自分の考えを訴えることのできた自身への驚きと、多忙な事務局長の時間を自分の長い話で奪ってしまったことへの申し訳なさ、そして事務局長の指摘通り見直しに甘い点があるのではないかという反省を抱えながら、その日の仕事と明日の準備を行いました。

　そして、当日になりました。
　医療機能評価機構の訪問審査、一日目です。

　朝から、病院全体が緊張に包まれています。

　司書は、午前の全体会に同席し、その後は図書館で仕事をしながら部署訪問の時間を待ちました。訪問予定時刻は、通常の終業時刻の１時間後です。

　予定時刻からさらに１時間が過ぎた頃、事務局長の案内で、サーベイヤーが図書館に現れました。

　司書が概要説明を行った後、質疑応答へ。

「書架が少ない気がしますが、別の場所でも管理を？」

「いいえ。ただ、その分電子の形でフォローしています」

「電子ジャーナルを増やしているのですか?」

「できるだけですが、総合および各領域の主要な電子ジャーナルと基本書に該当する電子ブックは継続的に購読しています。臨床支援ツールも2種類導入し、海外と国内の最新情報を診療の場で即座に入手できるようにしています」

「それらへのアクセス支援はどのように?」

「リンクリゾルバ上の設定により、契約や媒体の如何を問わず、すべてのリソースのアクセス方法を案内しています。複写による入手が必要な場合は、リンクリゾルバに設定したフォームから司書に直接依頼できますし、それ以前の調査や代行検索についてもウェブフォームを用意していますので、利用者は来館することなく関連するサービスを受けることができます。文献を探すデータベースについても、リモートアクセスでの契約を優先し、院外でも必要な情報にアクセスできるようにしています」

　この後もサーベイヤーの質問がいくつか続き、10分弱で図書館の訪問審査は終わりました。

（ああ緊張した……話し過ぎたのか、顎が痛い……）

　司書は、前日までに整理した内容ですべての質問に答えられたことに安堵し、病院を後にしました。

　翌日の、午後。

　総務課のAさんが、図書館にやってきました。

「昨日はお疲れさまでした。ところで、聞いた？」
「なんでしょう？またやらかしちゃいました？」
「違う違う。なんかね、サーベイヤーのひとりが図書館の訪問
の後、事務局長に“この病院には素晴らしい司書がいますね”
って褒めていたらしいよ。事務局長も喜んでたみたい」

（ええっ……！）

　司書はうれしさと恥ずかしさで返事ができませんでした。
　俯いて喜びを噛みしめている司書に、Ａさんが続けます。

「よかったねえ。ああ、あと、もうひとつ」
「なんでしょう？　今度こそやらかしました？」

　Ａさんは、にっこり微笑んで、紙を差し出しました。
「うん。昨日、また退勤の打刻を忘れてた。はい始末書」

　寡黙の饒舌は、さまざまに影響を及ぼすようです。

病院図書館の評価と運営

　病院図書館は、病院職員への情報サービスを通し、間接的には医療の質向上に貢献しています。一方、直接的には金銭面での利益がないばかりか、資料の購入やデーターベースの契約などで病院の支出を増やす存在です。病院図書館も病院司書も病院に必要なのだと理解してもらうためにも、病院司書は適切なリソースの選定と予算の執行を行い、経営陣へその運営実態を明らかにした上で、維持や拡大の提案を行うことが必要となります。

　また、2章のように利用者の要望を経営陣に直接届けてもらうことで、司書がそれまで訴えても通らなかった案件がすんなり承認されることもあります。そのようなアクションを起こしてくださる利用者を獲得するためには、利用者に信頼される図書館・司書であることが前提となりますから、司書は情報サービスの専門職としても、情報サービスを行う部署を運営する立場としても、研鑽が求められることになります。

　第三者の後押しが好機につながることもあります。この章のような外部評価の場で、図書館の仕事や役割を明確に説明することも、有効な機会になります。個人的には、病院司書の採用が診療報酬の算定項目になるとよいのにとも考えています。もちろんこの場合においても、病院司書には高い専門性を維持するための研鑽と説明責任、論文の発表などによる実績の証明が求められますし、図書館のサービス対象を病院職員だけではな

く患者さんやそのご家族、地域の方にまで広げる必要が出てく
ることでしょう。

09.
飛び込んできたもの

静かな館内に、突然、ガタッという音が響きました。
同時に、司書の前に白いものが飛び込んできました。

司書は、数メートル先に目を向けました。

（あらら……どうしよう……）

考えあぐねている司書の視線の先には、三人の研修医。
睨み合う二人と、二人を呆然と見つめる一人。

彼らの足元に転がる、一本のペン。

白いものは、消しゴムでした。

　司書は、彼らが小声で言い争っていたことには気づいていました。研修や診療に関する真摯な話し合いが、断片的ではありますが聞こえていたからです。彼らしか館内にいなかったこともあり、聞こえてはいるけれど聞いてはいませんという姿勢で、視線を逸らしながら、そっと成り行きを見守っていたのでした。

　そして、この状況。

座っていたはずの彼らが立っていること、先ほどまで言い争っていた二人でない組み合わせで睨み合っているということは、話を聴いていて感情を抑えきれなくなった一人が割って入ったのではないかと、司書は推察しました。おそらく、立ち上がった時の勢いで近くにあったものが落ちたり飛んだりし、そのうちのひとつが、今、司書が手にしている白い消しゴムなのでしょう。

　この年は、6名が初期研修医として着任しました。
　司書が病院で働き始めた年は、2名でした。
　毎年、病院の規模拡大と共に、増えています。

　臨床研修を行う病院は、「研究、研修に必要な施設、図書、雑誌の整備及び病歴管理等が十分に行われていること、かつ、研究、研修活動が活発に行われている」[1] という基準を満たしているので、おおむね図書館が設置されています。

　研修医と一口に言っても、さまざまな人が集まります。
　医師になると決めた背景も、図書館や司書の活用法も、さまざまです。

　着任したその日に、電子ジャーナルのリモートアクセス申請で来館してくださった、A先生。
　出典の記し方や論文中の図表をスライドに直接ダウンロードする方法を案内して以来、何かと頼ってくださる、B先生。
　論文データベースをもっと使いこなせるようになりたいと、休憩時間のすべてを費やして質問してくれたことのある、C先

生。

　指導医に言われて来たけど何を手伝ってくれるんですか？
と直球の質問をしてくださった、Ｅ先生。

　いつも物静かであまり話したことはないけれど、頻繁に文献
の入手依頼が届くので、実際にはどの研修医よりも多くのやり
とりをしている、Ｆ先生。

　休憩時間はだいたい図書館で熟睡している、Ｚ先生。

　研修期間中、一度も図書館を使わない方もいます。

　目の前の三人は、ようやく落ち着いたようです。
　お互いに、すまなかったと謝罪しあっています。

　司書は消しゴムを手に、彼らに歩み寄りました。

「あの、これ、どなたかのだと思うのですが」
「……ああ、僕のです。ありがとうございます」

　消しゴムを受け取ってくれたのは、Ｆ先生でした。
　三人は次の予定に向け、荷物を片づけ始めました。

　（いつもは物静かなＦ先生があんなになるなんて余程の事
だったのかな）

　図書館を出ようとする彼らの背中を見つめながら司書がぼん
やり考えていると、ドアの前で突然、Ｆ先生が司書の方を向き
ました。

「ご迷惑をおかけしました。感情のコントロール、ちゃんとしないといけませんね」

　自分が思っていたことを見透かされたのかと動揺する司書に対し、Ｆ先生は普段通りの微笑みを返し、図書館を後にしました。

＊　　　＊　　　＊

　それから随分の年月を経た、ある春の日。

　司書が選書のため出版案内を開くと、Ｆ先生の名前が目に飛び込んできました。

（Ｆ先生だ！　懐かしいなあ……）

　出版社のサイトにアクセスし著者紹介のページを見たところ、Ｆ先生は現在、精神科の専門医として大学病院で臨床の仕事を続けながら、一般の方に向けた心の整え方についての本を執筆しているとありました。

（これは個人的に購入することにしよう）

　司書は、消しゴムの一件を思い出しながら、いきなり飛び込んでくるものは、できれば、うれしくなるようなものがいいなとも思いました。

そして、F 先生の著作のページに栞を挟み、図書館のための選書を続けました。

　今年の初期研修医は、8 名です。

---

1) 厚生労働省 . 臨床研修病院の指定基準及び指定基準の運用 .
　https://www.mhlw.go.jp/shingi/2002/06/s0627-3k.html

10.
窓

「失礼しまー、あ、す、す、すみません……」

　司書は、はじめてこのエリアを訪れました。そして、他のエリアにお邪魔する時と同じように、明るく大きな声で挨拶をしながら入室しましたが、もっと静かに入ればよかったと、すぐに反省しました。

　ここは、外来化学療法室。

　外来化学療法室とは、患者さんが自宅などで日常生活を過ごしながら、通院して薬物治療（化学療法）を受けられるように設置されたエリアです。抗がん剤の治療を受ける方が多いですが、自己免疫疾患など、がん以外の薬物療法を受ける患者さんもいます。

　この病院の外来化学療法室は、高層階に設けられています。

　車椅子でも移動しやすいよう椅子の間隔を広く空けた待合室を抜け、治療を行うエリアに入ると、さらに広い空間にリクライニングチェアやベッドがゆったりと配置されています。

　治療中の患者さんが顔を向ける方角には、大きな窓。

今はちょうど、田植えの時期。

　水を湛えた田んぼはきらきらと光り、畔道を歩く人や、時折走る一両編成の電車の姿を、鏡のように映しています。

　田んぼの先に目をやると、山脈が、うっすらと。

（通い慣れた道なのに違って見える）

「あら、司書さん。もう来てくれたのね」

　穏やかなトーンで声をかけてくれたのは、「がん薬物療法認定看護師」のDさんです。

　Dさんとは普段、図書館や院内のレターボックスやEmailでやりとりをしています。今日は、Dさんができるだけ早く読みたいと希望していた文献が予想以上に早く入手できたので、あらかじめ許可を得た上で、勤務中のDさんに直接届けることにしたのです。

　「認定看護師」とは、特定の分野の看護を遂行できる専門職として認められた看護師に与えられる資格です。認定看護師の審査に通るには、実務経験と共に、専門教育を受けること、学会発表や論文執筆などの学術活動を行うことが必要です[1]。

　認定看護師の資格は、永続的なものではありません。資格更新のため、なにより、目の前の患者さんのために、認定看護師は、認定看護師であるかぎり、自己研鑽を続けていくことになります。

司書がこの病院に勤め始めた頃、Dさんはまだ認定看護師ではありませんでした。Dさんは、その当時の該当資格であった「がん化学療法認定看護師」になるため、休み時間や勤務後に図書館をよく利用していました。司書が出勤したばかりの朝、夜勤明けで私服に着替えたDさんが現れ、文献を受け取ってすぐ帰る、ということもありました。

　その後、Dさんは、がん化学療法認定看護師の審査に通り、2019年からの制度改正の手続も完了し、2021年から、がん薬物療法認定看護師として、そして、外来化学療法室の師長として、この病院のがん看護を支えています。

　司書は、文献の入った封筒をDさんに差し出しました。

「こちら、ご依頼の文献です。あと、ちょうど関連書籍のチラシを入手したので、一緒にお持ちしました。必要であれば、図書館で発注しますので、ご連絡ください」

「ありがとう、助かるわ」

「いえ……先ほどは失礼しました」

「え、何が？」

「大きな声を出してしまって……」

「大丈夫、ちょうど誰もいなかったし」

　Dさんは司書に、優しく微笑みました。

司書も笑顔で応え、外来化学療法室を後にしました。

　司書は、図書館に戻りながら、大きな窓に広がる美しい景色を思い出していました。

　（患者さんも、あの景色を見ているのだなあ）

　司書は図書館に戻ると、普段は資料の日焼け防止で閉じたままにしているブラインドにそっと指を入れ、窓の外を少しだけ覗いてみました。

　田んぼの水面には、夕焼け空が映っていました。

1）日本看護協会 . 認定看護師 . https://www.nurse.or.jp/
　nursing/qualification/vision/cn/index.html.

11.
忙しい時こそ

「あの、論文を探しているんですけど」

「はい、どのような論文でしょうか」

「みんなで読む論文が、必要なんです」

「みんなで読む論文……ですか？」

　司書の頭の中は、「？」がいっぱいになりました。

　今、司書の目の前にいるのは、理学療法士のMさんです。

　院内で訓練をする患者さんに寄り添うMさんに会釈したことは何度もありますが、図書館で会うのは、はじめてです。

　Mさんは、いつも柔らかな表情で会釈をしてくれます。

　でも、今日のMさんは、眉間に皺が寄っています。

「はい……実は上司に、リハビリのメンバーで行う勉強会のための論文を探してくるように言われたんです。でも、何を選べばよいのか悩んでいて……ああ、なんかぼんやりした頼みごとをしちゃって、ごめんなさい。司書さん、忙しいのに。やっぱり自分で探してみます」

Mさんが、くるりと司書に背を向けました。

　司書の頭の中は、「！」がいっぱいになりました。

　司書は、Mさんの背中に向けて、声を出しました。

「ちょ、ちょっと待ってください」

「え？」

「よければ、一緒に考えさせてください」

「え……本当に、いいんですか？」

「はい、むしろ、ありがたいんです」

「ありがたい？」

「はい、私の勉強にもなりますから」

　Mさんの表情が、少し和らぎました。

　司書は、早速、聞き取りを始めました。

　「みんなで読むということは、抄読会用ですか？」

「あ、抄読会は以前から有志が集まって、不定期ですが、上司
の指導で続けています」

「T科長ですね」

「そうです。やっぱりご存じなんですね」

「はい、熱心な方ですよね」

　この病院のウェブサイトにあるリハビリテーション科のページには、「論文」のコンテンツがあります。職員が専門誌に投稿し、採用された論文のリストが掲載されているのです。リストには、責任者であるT科長の名前が多くあります。T科長は、近隣にある大学院にも所属しており、よく文献複写や文献調査の依頼が司書の元に届きます。

　Mさんの表情が、だいぶ和らいできました。

「はい。今回は、みんなが学ぶ環境をもっと広げていこうという科長の提案により、まだ論文を書いたことのないメンバーや、論文を読むことに慣れていないメンバーに向けた勉強会を開くことになったんです」

「なるほど。では、当院で活用できるツールをいくつかご紹介しながら、初学者向けの文献の探し方をご提案してもいいですか？」

　そこから一時間程度で、Mさんと検討を重ねながら、勉強会に使う論文の候補を数点選ぶことができました。

　Mさんの表情が、晴れやかになりました。

「忙しい中、ありがとうございました。教えていただいたツール、勉強会だけではなくて日々の実務にこそ活用できるものも

あって、なんだか得した気分です」

「いえ、こちらこそ、ご紹介できてうれしいです。……というか、これまでＭさんがご存じなかったのは私の広報が足りないせいでもあるので、申し訳なさもちょっと感じています」

「そんなことないですよ！ うちの病院は電子ジャーナルが充実してるから、図書館に行かなくてもなんとかなっちゃうことが多いんですよね。でも、今回は図書館に来てみて、本当によかったです」

「ありがとうございます……あの、よければ、他の方たちにも今回紹介したリソースをご紹介いただけますか？ なにかあれば、図書館へぜひどうぞ、とも」

「もちろんです……でも、実は……」

　Ｍさんの表情が、ちょっと曇りました。

「科長、事あるごとに言ってるんですよ。図書館を活用しなさい、司書さんに聞いてみなさいって。でも、なんだかぴんとこなかったし、日々の仕事にも追われていて、足が向かなかったんですよね」

「そうだったんですか」

「忙しい時こそ学ぶ、忘れちゃいけないですね」

　司書は、はっとしました。自分も忙しさにかまけて、最近あ

まり論文に目を通していなかったからです。

「本当にそうですね。私も肝に銘じます」

　Mさんは、ふふっと笑いました。

「これも、科長の口癖です。ではまた来ますね」

　翌日、司書が病院の屋上庭園で昼食をとっていると、Mさんの姿がありました。Mさんは、いつもと同じ柔らかな表情で患者さんに寄り添っていましたが、口いっぱいにおにぎりをほおばる司書に気づき、会釈をしてくれました。

　司書は急いで手で口を隠し、会釈を返しました。

　司書の頭の中は、恥ずかしさでいっぱいになりました。

EBM と司書

　医療職が文献を読む先には、「目の前にいる患者さん」や「よりよい医療」の存在があります。そして、そこに根付いているのは『EBM』という考え方です。

　EBM とは、Evidence-Based Medicine の略で、日本語だと「根拠に基づく医療」や「科学的根拠に基づく医療」と訳されることが多いです。『朝日新聞クロスサーチ』[1] で検索してみると、朝日新聞の記事として「EBM」という言葉を含む記事は 108 件（ただし企業名など無関係な記事も含まれます）、「根拠に基づく医療」で 79 件、「evidence based medicine」で 9 件の記事がヒットしました。この中で一番古い関連記事は、『健康に役立つ「予防薬」を　対象絞り認可へ　厚生省研究班導入を提言』という 1989 年 6 月 11 日の朝刊に掲載された見出しのものでした。新聞記事データベースは、公共図書館でも利用できることが多いですし、図書館に行けば複数の新聞社の記事を確認することもできます。

　厚生労働省の統合医療情報発信サイト『eJIM』[2] では、「もう一歩進んだ情報の見極め方」として「根拠に基づく医療(EBM)を理解しよう」をあげています。eJIM では、EBM を「最良の根拠を思慮深く活用する医療」と位置づけ、ゴードン・H・ガイアットらによる EBM の考え方[3][4] をベースに、「最善の根拠」「医療者の経験」「患者の価値観」の要素を加味しながら総合的

に判断することが大切であり、「情報として得られる根拠だけでなく、自分自身のもつ資源や価値観もよく見つめながら、意思決定するように意識しましょう」とまとめています。

　先にあげた要素のうち、「最善の根拠」にあたるのが医学論文などの文献です。eJIM の解説のとおり、意思決定は文献だけで行うものではありません。けれど、大切な要素のひとつでもあります。その文献を扱う専門職が、司書です。司書はEBM を実践するための要素を支える存在として、文献を提供する環境を整えるだけではなく、適切に文献を扱うための知識を備えておく必要があると、私は考えます。

　ところで、eJIM が引用したガイアットによる EBM の提言は1991 年に出版されていますが、PubMed で「Evidence Based Medicine」という索引語が付いている文献を調べると、1974 年まで遡ることができます。また、ここで紹介した朝日新聞の記事は 1989 年のものです。EBM の考え方は、EBM という言葉が文献で明言されるよりも前から医療現場における大切な姿勢であり、その歴史や経緯についても理解を深め、図書館の仕事につなげていくこともまた、司書の務めなのかもしれません。

1) 朝日新聞クロスサーチ . https://xsearch.asahi.com/
2) 厚生労働省 . eJIM「統合医療」情報発信サイト . https://www.
   ejim.ncgg.go.jp/.
3) Guyatt, GH. Evidence-based medicine. ACP Journal Club
   Archive. 1991, 114 A-16.
4) Haynes RB.; Devereaux PJ.; Guyatt GH. Clinical expertise
   in the era of evidence-based medicine and patient choice.
   ACP Journal Club. 2002, vol.136, no.2, A11-4.

12.
見るもの、見えるもの

　今日の司書は、図書館ではなく、美術館にいます。

　以前から気になっていた作家の個展が、自宅から電車で2時間ほどの場所にある美術館で開催されていることを知り、観に行くことにしたのです。

　美術館に到着。

　ゆっくり、じっくりと、作品を鑑賞。
　数時間けて、会場を歩き回りました。

　（やっぱり素敵だった…いや、実際に見た方がもっと素敵だった。でも、ちょっと足が痛い。最近、座り仕事が多いから、足腰が弱くなっちゃったのかもな）

司書は、展示エリアの隣にある、休憩室へ行きました。

　自動販売機でコーヒーを買い、ベンチに座ると、視線の先に小さな本棚があることに気がつきました。「ご自由にご覧ください」という貼り紙も見えます。司書はコーヒーを飲み終えると、本棚の近くに行きました。

　本棚には、この美術館や近隣の美術館で開催された展示の図

録が並べられていました。図録の背には、請求記号の刷られた
ラベルが貼ってあります。そのうちの一冊を手に取り、表紙を
開くと、表題紙に蔵書印が押してありました。

（この美術館には、図書館があるんだ）

司書は、館内地図を確認しました。
図書館は、地階にあるようです。

階段を下りると、図書館の出入口がありました。

司書が図書館に入ると、カウンターの職員が、静かなトーン
で「こんにちは」と声をかけてくれました。名札には、美術館
の名前とその方のお名前との間に「主任司書」と書いてありま
した。

（美術の専門司書さんだ）

司書も静かに「こんにちは」と返し、書架へ向かいました。
さきほどの休憩室にあった図録だけではなく、研究書や全集、
一般向けのアート指南書、絵本など、さまざまな資料が配架さ
れています。

（同じ図書館でも、私の働く図書館とはずいぶん雰囲気が違
う。椅子や閲覧机もおしゃれな感じで、配架されている資料も
鮮やかな色合いのものが多い。美術書って装丁が凝っているも
のが多いから、装備を担当している司書さんは結構大変かも。

きっと、この規模の美術館であれば稀覯本もたくさん所蔵して
いるだろうから、修復やデジタルアーカイブにも精通した司書
さんがいらっしゃるのだろうな)

　司書は、今回鑑賞した作家に関する図書を何冊か選び、閲覧
エリアで読みふけりました。
　しばらくして、美術館全体に閉館のアナウンスと音楽が流れ
始めました。

(もう閉館? 本当だ、窓の外が薄暗い)

　司書は、慌てて手元にある本を返却台へ置きにいくと、近く
の案内板にモネの絵が描かれたマグネットが使われていること
に気づきました。

(モネは確か、晩年に目を悪くしたんだよな)

　司書は、美術情報の専門家によるレファレンスサービスを受
けてみたい気持ちを押さえながら、美術館を後にしました。そ
して、帰りの電車の中でスマートフォンを開き、ウィキペディ
アの「クロード・モネ」のページを見ました[1]。 ウィキペディ
アにはモネの生涯や目の病気の事が事細かに書かれており、参
考文献も示されていました。

(知りたかったことは、ぜんぶ書いてある。でも)

　司書は、自宅に着くと、すぐに PubMed を開き、モネの名

前がタイトルや抄録に含まれている文献を検索してみました。医学の視点からモネについて書かれた文献がないか、調べてみたくなったのです。

　フルネームによる検索でヒットしたのは、10 数件。
　タイトルで内容を確認し、詳細な文献情報にあたります。

　総合診療の専門誌に、モネが白内障を発症し治療を完了するまでのさまざまな状況の中で、創作活動にも作品にも大きな影響があったことが示された文献がありました[2]。

　（見えない色をあたかも見えるようにするためにモネが取った行動、すごいな。芸術家の執念というか矜持というか、なんて繊細で緻密な方法なんだろう）

　検索結果には、モネだけではなく、マネに関する文献も出てきました。神経学の雑誌に掲載された文献です。抄録を読むと、幻肢で苦しむマネをモネが見舞ったときのエピソードが含まれていました[3]。

　ほかにも、モネを含む画家や音楽家を数名を挙げて、視力や聴力の喪失が創作活動にどのような影響を及ぼすかを論じた文献もありました[4]。

　PubMed では、各文献の詳細情報の下に、内容などがよく似た文献が表示されます。今回の検索で挙がった類似文献は、どれも司書にとって興味のあるものばかりです。司書は、その

中の文献をクリックしようとしましたが、パソコンの時刻表示に気づき、思いとどまりました。

午前０時を過ぎていたからです。

昨晩からかごに入れっぱなしの、洗濯物。
食事もしていないし、風呂も沸かしていません。

（ほどほどにしないと、明日の仕事に響いちゃう）

司書は、今日の仕事のために、ブラウザを閉じました。

1）ウィキペディア. クロード・モネ. https://ja.wikipedia.org/wiki/クロード・モネ.

2）Gruener A. The effect of cataracts and cataract surgery on Claude Monet. British Journal of General Practice. 2015, vol.65, no.634, p.254-255. doi: 10.3399/bjgp15X684949.

3）Bogousslavsky J, Tatu L. Édouard Manet's Tabes Dorsalis: From Painful Ataxia to Phantom Limb. Eur Neurol. 2016, vol.76, no.1-2, p.75-84. doi: 10.1159/000447260.

4）Marmor MF. Vision loss and hearing loss in painting and musical composition. Ophthalmology. 2014, vol.121, no.1480-1485. doi: 10.1016/j.ophtha.2014.01.009.

専門図書館

　図書館の種類のひとつに「専門図書館」があります。専門図
書館とは、特定の対象や主題に特化した図書館のことです。こ
の章でとりあげた美術館の図書館（美術図書館）も専門図書館
のひとつです。図書館は多くの美術館に設置されていますし、
複数の美術図書館の資料を確認できる『美術図書館横断検索』[1)]
というウェブサイトもあります。私は、書店や公共図書館では
手に入りづらい、美術の専門書や展覧会の図録を確認する際に
このサイトを使っています。

　他の領域の専門図書館でも、それぞれの専門資料を収集して
利用者に提供していますが、異なる専門の図書館が同じ資料を
所蔵している場合もあります。たとえば、さまざまな種類の専
門図書館の所蔵を一度に確認できるサイト『dlib.jp』[2)] で角川
学芸ブックスの『江戸っ子気質と鯰絵』という本を調べてみる
と、5館の所蔵が確認できます。

　「鯰絵（なまずえ）」は、地中の鯰が暴れることによって地震
が起こるという俗説を元に描かれた、江戸時代のカラー版画で
す[3)]。所蔵が確認できたのは、江戸東京博物館[4)]・建設産業図
書館[5)]・国文学研究資料館[6)]・印刷博物館[7)]・国立歴史民俗博
物館[8)] です。この本をどのような観点で判断して図書館の資料
として選んだのか、それぞれの図書館の名称からも違いが見え

てくるのではないでしょうか。

　専門図書館の中には、一般利用ができるところもあります。
予約が必要な場合もありますので、事前に各機関のウェブサイ
トを確認するとよいでしょう。

　ディープな図書館のディープな資料、ぜひ味わってみてくだ
さい。

1) 美術図書館連絡会 . 美術図書館横断検索 . https://alc.opac.jp/
　　search/all/.
2) ディープライブラリープロジェクト . dlib.jp. https://dlib.jp/.
3) 鯰絵 . 日本大百科全書（ニッポニカ）. コトバンク .https://
　　kotobank.jp/word/ 鯰絵 -589621.
4) 江戸東京博物館 . 図書閲覧のご案内 . https://www.edo-tokyo-
　　museum.or.jp/purpose/library/
5) 建設産業図書館 . 利用案内 . https://www.ejcs.co.jp/library/
　　howtouse/.
6) 国文学研究資料館 . 図書館を利用する . 国文学研究資料館 .
　　https://www.nijl.ac.jp/search-find/
7) 印刷博物館 . 館内入場のご案内（事前予約）.
　　https://www.printing-museum.org/reservation/.
8) 国立歴史民俗博物館 . 入館者用図書室利用案内 . 国立歴史民俗
　　博物館 . https://opac.rekihaku.ac.jp/library/nyuukansya.html.

13.
司書覚え書

　司書は、めずらしく、自館の蔵書を借りました。

　返却期限は２週間後。

　司書は、個人的なルールとして、自館の蔵書をあまり借りないようにしています。特に、新刊の臨床に関する書籍は、絶対に持ち出さないようにしています。

　借りたのは、ナイチンゲールの『看護覚え書』。

　『看護覚え書』の初版は1859年で、原著はいくつかのウェブサイトでも公開されています[1) 2) 3)]。２版をベースにした日本語の翻訳も多数あり、司書の勤める病院にも複数の日本語版を所蔵しています。

　なにより、看護部のＩ部長に看護研究のための文献検索講習を依頼された際、看護の専門職の背景を知るためにも一度読んでみるとよいと勧められたので、所蔵しているものの中でも一番易しそうな、図解つきの日本語版を借りることにしたのです[4)]。

　（確か、小学生の時に学校の図書館でナイチンゲールの伝記

マンガを読んだような気がするんだけど……クリミアの天使とかなんとか……でも、あまり覚えてないなあ)

　司書が『看護覚え書』を借りて、一日目。
　本文にあたる部分を、一気に読み終えました。

　ナイチンゲールが看護を定義づけたこと。
　感染対策の基本がまとめられていること。
　病院環境の改善を多角的に説いていること。
　患者さんとの向き合い方をまとめたこと。

　(150年以上も前に、ここまでのことが……)

　二日目は、読み飛ばした解説部分に目を通しました。

　解説部分では、ナイチンゲール自身が看護職として従事したのはわずか二年だが、体調を崩して臨床での活動を退いた後も、衛生学や統計学の専門知識を携え、積極的に執筆活動や後進の指導を行ったとありました。また、クリミア戦争での従事の際に行った、兵士のための環境改善の例として、コーヒーハウスと図書館の設置が挙げられていました。

　(これは……「患者図書館」だ!)

　最近、司書の勤める病院では、地域貢献活動のひとつとして「患者図書館」を設置してはどうかという話題があがっています。司書の運営する「病院図書館」とは別の目的を持つ、患者

さんのための図書館です。

　（ここで図書館につながるなんて……）

　三日目、司書は『看護覚え書』を手に出勤しました。

　図書館に向かう導線上には、看護部長室があります。

　看護部長室は、毎朝換気のためにドアを開けているので、司書はＩ部長や看護部の秘書さんが室内にいれば、挨拶をしながら通過します。

　今朝もドアは開いており、中にＩ部長がいました。

「おはようございます」

「司書さん、おはよう。……あら……それ」

　Ｉ部長は司書の手元を見て、微笑みました。

　「はい、とても素晴らしい内容でした」

「そう言ってもらえて、うれしいわ。看護職への理解を深めてもらえるのもそうだけれど、『看護覚え書』は序章にもあるように、誰かの健康を考える立場にあるすべての人のために書かれたものだから、たくさんの人に読んでもらいたいなって私は思っているの」

「そうですね。私もまだ一度しか目を通していませんから、これから何度も読み返そうと思います。原著も読んでみますね」

　司書は会釈をして、図書館へ向かいました。

　司書は、図書館についてすぐ『看護覚え書』の返却処理をして、書架に戻そうとしましたが、ふと思い立って、もう一度、あるページを開きました。

　「おせっかいな励ましと忠告」の部分です。

　（ここは司書としても肝に銘じておかないと）

　司書は『看護覚え書』に向かって頷き、書架に戻しました。

1）Nightingale, Florence. Notes on nursing : What it is, and what it is not. first American edition. Celebration of Women Writers. UPenn Digital Library. https://digital.library.upenn.edu/women/nightingale/nursing/nursing.html.
2）Nightingale, Florence. Notes on nursing. London: Harrison. Retrieved 28 November 2018. Internet Archive. https://archive.org/details/NotesOnNursingByFlorenceNightingale/.

3）Nightingale, Florence. Notes on nursing. 2nd edition. London: Harrison. Retrieved 29 November 2018. Internet Archive. https://archive.org/details/notesonnursingw01nighgoog/.

4）金井一薫. ナイチンゲールの『看護覚え書』：イラスト・図解でよくわかる！. 日本看護協会出版会. 2019. ISBN978-4791631070

看護覚え書

　ナイチンゲールの『看護覚え書』については、ぜひそのものを読んでいただきたいですし、公共図書館の棚にも置いていただけるといいなと考えます。特に「おせっかいな励ましと忠告」の章で扱われる内容は、図書館の資料や棚づくり、司書のふるまいにも照らし合わせることができると、私は考えています。

　ナイチンゲール看護研究所の金井一薫さんは、この章でも紹介した解説書 の中で、「おせっかいな励ましと忠告」をナイチンゲールがひとつの章として記した背景として、「（ナイチンゲール）自身が長年病弱で療養していたからこそ発せられる言葉」「当時のナイチンゲールは、周囲の家族や知人たちからの励ましや忠告の数々に、ほとほと困り果てていたのでしょう」と述べています。また「おせっかいな励ましと忠告」の章では、おせっかいとは異なる、患者さんの心が上向きになるような励ましとはどのようなものかについても述べられています。

　あなたの近しい人や大切な人が病気になった時にどのように接すればよいのか、そのヒントを『看護覚え書』で見つけてみてください。この本の 15・22・27・29 章なども参考になれば幸いです。

14.
司書の不養生

　本日の司書の勤務は、変則的です。
　勤務の途中に、健康診断を受けるからです。

　（そうだ、出入口に一時不在の貼り紙をしなくちゃ）

　司書の働く病院には、健診センターがあります。病院に勤務する職員は原則、その健診センターで年に一度、健康診断を受けます。受診の時期や時間帯は、総務課が勤務シフトや一般の方の利用を考慮して指定します。受診の日は特別休暇を取ることも、早退することもできます。また、本人の希望により、人間ドックなどを追加することもできます。

　（職場が病院って、ありがたいなあ）

　司書はせっかく病院に来たのだし、仕事はたくさんあるしと、オプションは希望せず、受診以外の時間はいつも通り働くことにしました。

　図書館を出て、健診センターへ向かいます。
　健診センターは、図書館の1階上にあります。

　階段を上がり、30秒で健診センターに到着。

受付で職員証を見せて、問診票を提出します。
番号表とロッカーの鍵、患者衣が渡されます。

「ここからは、この番号でお呼びします」
「はい、わかりました」

更衣室で患者衣に着替え、待合室へ。

待合室は広く、ゆったりとしたつくりになっています。
ソファーに座ると、眼科のS先生が視界に入りました。

（患者衣を着ているS先生、なんだか不思議）

司書は、自分も患者衣を着ていることを忘れているようです。

　待合室の中央には大きなテレビがあり、小さな音で映画を流しています。ソファーの脇には雑誌や新聞などが置いてあります。司書の座ったソファーの脇には、全国の病院の評判をランキングにしてまとめたムックが置いてありました。ムックには、付箋が貼ってあります。

　司書はムックを手に取り、付箋のページを開きました。
　この病院の、ある診療科が、取り上げられていました。

（こういうの、患者図書館をつくることになったら置く必要があるのかな……でも、たとえば、このムックに目を通したと

して、掲載されている記事が客観的に評価を受けたものなのか、それとも病院がお金を払って出した広告なのか、すぐに判断できる人はどのくらいいるのだろう）

　考え込んでいると、案内担当の職員の声が響きました。

「〇番の方、いらっしゃいますかー」

　司書の番号です。
　司書は慌てて立ち上がり、職員に駆け寄りました。

「すいません、私です」
「大丈夫ですよ、落ち着いてくださいね」

（そうだ、これから血圧を測るんだった）

　司書は深呼吸をしながら、検査室へ向かいました。

　それから一か月後。

　健診結果通知が、図書館のレターケースにありました。
　この封筒を開くときは、いつもどきどきします。

　司書は通知を見て、さらにどきどきしてしまいました。

（うわ、再検査の項目がある！）

封筒の中には結果通知と共に、総務課からの案内が入っていました。案内には、日時の指定と手続きについての詳細がありました。

（なんだろう、この「もう逃げられない」って感じ）

　再受診の日。

　司書はいつもよりも早めに病院に出勤し、再受診の手続きをすませました。そして、指定時間の少し前に図書館の出入口へ一時不在の貼り紙をして、一階下の診療科へ向かいました。

　階段を下りて、30秒で診療科に到着。

　待合に着くと、すぐに名前を呼ばれました。

　診察室の扉を開くと、「あ」という声が聞こえました。
　司書も思わず、「あ」と声を出してしまいました。

　診察をしてくださるのは、T先生。
　よく図書館を利用してくれる医師のひとりです。

　T先生はすっと立ち上がり、司書に頭を下げました。

「こんにちは、いつもお世話になってます」
「いえいえいえいえいえ、こちらこそ……」

（まさか診察室でお礼を言われるなんて）

司書は、汗をかきはじめました。
Ｔ先生は座り、司書への問診を始めました。

数週間後。

　図書館のレターケースに、再検査の結果通知が入っていました。司書は、現状では特に問題はないという一文にほっとしつつ、診察室でＴ先生に頭を下げられたことを思い出していました。

（職場が病院って、ありがたいけど恥ずかしいかも）

15.
「書」の先

「ちょっと、今いいかな？」
「ひさしぶり。どうしたの？」

　司書のスマートフォンに、チャットが届きました。
　母方の叔母。普段はほぼ、連絡のこない人です。

「あんた、病院で働いてるって聞いたから」

（あ……これはきっと、あれだ……）

「ああ、うん。病院の図書館ね。なに？」
「だからさ、病気の本にも詳しいんでしょ」
「それほど詳しくはないけど……どうしたの？」

　司書は、返信を見る前に、小さく深呼吸しました。

「実は、近所で仲良くしてるご夫妻がいるんだけど」
「うん」
「ご主人に、がんが見つかったんだって」
「うん」
「来週が手術みたいでさ」
「うん」

「奥さん、ひどく落ち込んじゃって」

「うん」

「こうなる前に何で気づかなかったのかって」

「うん」

「自分の拵えたご飯がいけなかったのかとか」

「うん」

「ここんとこ、ずっと奥さんの話を聴いてるんだ」

「うん」

「でも聴くだけじゃ、なんだか申し訳なくって」

「うん」

「だから、がんに効く食べ物をあげようかなって」

「食べ物」

「うん。サプリメントでもいいんだけどさ」

「サプリメント」

「だからさ、そういうことが載ってる本を教えてよ」

（うーん……よし）

「本は叔母さんが読むの？ それとも頼まれたの？」

「私も読むけど、奥さんにもどうかなって」

「そっか、本当に奥さんと仲がいいんだね」

「うん、普段は私の方がお世話になってるんだよ」

「じゃあ、自分のことみたいに、心配だよね」

「そうなんだよ。だから少しでも役に立ちたくて」

（そうだよね……叔母さん優しいね。でも）

「叔母さん、あのね」
「なに？」
「きっと奥さん、叔母さんに感謝してると思う」
「えー、まだなにもやってないよ」
「それでいいんだよ」
「え、どういうこと？」
「辛い時にただただ話を聴いてくれる人がいる」
「うん」
「たぶん、それだけで奥さんはうれしいよ」
「でも、それじゃ、私の気持ちが済まないよ」

　司書は、大きく深呼吸をしました。
　そして、意を決して、入力を始めました。

「叔母さん、今、"私の気持ち"って言ったよね」
「うん」
「叔母さん、奥さんが心配で連絡をくれたんだよね」
「うん……あ！ そうか！ そうだよね……」

（叔母さん、わかってくれたみたいだ）

「そうなんだよ。今大切なのはさ……」
「うんうん、私がどうしたいか、じゃないよね」
「そうそう」
「これからも奥さんの話、たくさん聴くよ」
「うん」
「ありがとね」

「こちらこそ。叔母さんも、体を大事にね」
「うん。またね」

　(「司書」は、「書」を「司る」仕事。確かに、基本的には、そうかもしれない。でも、仮にそうだとしても、「書」だけではなく、「書」の先にある、さまざまな思いやつながりも意識しながら、司書としての仕事を続けていけたらいいな)

　司書は小さく息を吐き、チャットを閉じました。

16.
ひとりとひとりぼっち

司書は、朝からずっと、ひとりで悩んでいました。

ある仕事について、もっと効率よく行う方法はないかと考えているのですが、なかなかいいアイデアが思いつかないのです。

司書のいる病院で、図書館の仕事を知るのは、司書ひとりです。院内に司書をサポートしてくださる方はたくさんいますが、図書館の仕事について具体的に話し合うことのできる人は、いません。

（うーん、やっぱり私の頭の中だけじゃだめだ）

司書はおもむろに、文献データベースを開きました。
いつもは利用者のために使う、データベースです。
このデータベースには、主に医学や医療、健康に関する文献が登録されているのですが、医学情報の取り扱いや文献検索の方法、それらを扱う図書館の仕事について、また、司書が書いた文献も多く含まれています。

（私と同じ悩みを抱えている人、いるのかな）

キーワードをいろいろと変えながら検索していると、ヒント

になるかもしれないようなタイトルの文献がいくつか出てきました。司書はそれらの文献にチェックを入れながら、検索をすすめていきます。

　（よし、海外の文献はこんな感じかな）

　司書は、そのデータベースの検索をいったん終了し、次は国内の病院が提供している機関リポジトリ[1)]を開きました。機関リポジトリには、大学などの研究機関が運用しているイメージがありますが、大学に付属の病院がある場合はその病院図書館の事例が登録されることがあります。また、病院が運用する機関リポジトリもあります。

　（さっきデータベースで見つけた文献のタイトルに使われていた言葉を、日本語に変えて検索してみよう）

　こちらも何度か検索をくりかえし、先ほどデータベースで見つけた文献と共にダウンロードしていきます。

　（すぐに全文にアクセスできるの、本当に助かるな）

　司書は帰りの電車の中でスマートフォンを開き、先ほどダウンロードした文献に目を通していきました。

　（ヒントはいくつか見つけたけど、やりたいことにぴったり合う事例はないなあ……よし、今度の研修のとき、質問してみよう）

来週は、司書が勤務する病院の近くの大学で、医学や医療に関わる司書の集まる研修が開催されます。医学部や看護学部のある大学の司書、近隣にある他の病院の司書、医学情報のデータベースなどを提供する企業の担当者など、多くの人が集まる学びの場です。司書のようなワンパーソンライブラリーで働く者にとっては、仲間のアドバイスを直に受けることのできる、貴重な場でもあります。

（ひとりで働いてるけど、ひとりぼっちじゃない。いつも会えたり、すぐに話し合えたりできるわけじゃないけれど、同じ志で働いている仲間が近くにも海の向こうにもいる。そして今は引退したであろう大先輩の思いも、文献という形で共有することができる。たくさんの垣根をこえて学ぶことができるって、ありがたくて、素晴らしいことだな）

司書がスマートフォンから窓に目をやると、見慣れた風景。
司書は慌てて電車を降り、改札に向かいました。

1）機関リポジトリ. 図書館情報学用語辞典 第5版. コトバンク.
　　https://kotobank.jp/word/ 機関リポジトリ -1702490

オープンアクセスと機関リポジトリ

　病院司書が、病院図書館の運営を学ぶことのできる教科書のような文献に、病院司書の実践報告があります。特に、ワンパーソンライブラリーのため席を外しづらい病院司書にとって、職場のデスクで素早く見つけて読むことのできるオープンアクセス文献は、とてもありがたい存在です。

　私が国内に限らず、病院司書の実践報告を調べるときに最初に使うのは PubMed です。2024 年 1 月の時点で「Libraries, Hospital」（病院図書館）と「Libraries, Medical」（医学司書）の索引語がふたつとも付いている文献は、PubMed の中に 250 件ありました。

　国内の病院司書の実践報告が、機関リポジトリの形で公開されているものもあります。ここでは、『赤十字リポジトリ』[1] と『KINTORE』[2] をご紹介します。いずれも、病院司書が機関リポジトリ自体の構築も行っているものです。

　赤十字リポジトリは日本赤十字医学図書館が運営し、コンテンツのひとつとして『日赤図書館雑誌』という各地にある日本赤十字病院の司書による雑誌が含まれています。ですが、残念ながらこの雑誌は休刊しています。KINTORE には、近畿病院図書室協議会の機関誌『病院図書館』と共に、協議会に加盟す

る13機関の病院の機関誌が登録されています。こちらはどうか末永く続いてほしいと、心から願っています。

1) 日本赤十字図書館協議会. 赤十字リポジトリ. https://redcross.repo.nii.ac.jp/.
2) 近畿病院図書室協議会. KINTORE. http://kintore.hosplib.info/dspace/.

17.
Give and Take

（ようやく着いた……よし、次は会場探しだ）

　司書は、勤務先とは異なる病院に来ています。
　受診ではなく、学びのための、出張です。

　司書の勤める病院では、学会や研修への参加に対し、医療専門職以外の職員にも公費による出張を認めています。出張扱いにできるのは年度につき1回のみで、参加後は報告書の提出が必要です。提出した報告書は、事務局の各部署と理事に回覧されます。司書は毎年、病院や病院図書館の運営に直接役立ちそうな研修を出張対象とし、あとは休みの日を使って私費で参加しています。

　今日は、医療系の学部や学科を持つ大学の図書館の司書や、公共図書館で医療や健康に関する図書を担当する司書、病院に勤める司書の集まる団体が主催する、全国規模の勉強会に参加します。

　会場である病院の正門に、立て看板が見えました。
　会場案内のパネルを持つ、実行委員らしき方もいます。

（こういうの、本当にありがたいけど、大変だなあ）

司書は、要所要所でパネルを持つ実行委員に会釈をしながら
会場に到着し、受付を済ませ、名札とプログラムの冊子を受け
取りました。名札を首にかけ、早速、プログラムを開きます。

　（会場が複数あるから、間違えないようにしなくちゃ）

　この勉強会では、事前にエントリーした参加者による発表が
学会形式で行われるほか、企業による商品の紹介、特定のテー
マについてのミニセミナーなどが、複数の会場で同時に行われ
ます。司書は前日までに見たいものをあらかじめ決めておいた
ので、それをプログラムに掲載されたタイムテーブルで確認し
つつ、該当の会場に向かいました。

　ほどなくして、発表が始まりました。発表時間は決められ
ていて、指定時間の数分前にベルが１度、終了時間になると２
度ベルが鳴ります。発表者は、２度ベルが鳴ったら、途中でも
一度発表を止めて、モデレーターの指示に従います。

　（発表者じゃなくてもベルの音ってどきどきする……）

「それでは質疑応答に入ります。質問のある方は挙手をお願い
します。指名された方は、所属とお名前をおっしゃっていただ
いてから、ご発言ください。複数の質問があっても、まずはひ
とつだけでお願いいたします」

　何人もの手が挙がり、質疑応答が進んでいきます。

（あ、これ、私が聴きたかったことだ……）

　司書は病院の司書になる前も図書館関係の勉強会に参加したことがありますが、医学や医療に関わる司書の勉強会で一番驚いたことは、質疑応答が活発に行われることでした。むしろ、発表の後の質疑応答の内容にはっとすることが多いとも感じています。そして、今日も司書は、ベルの音と他の方の質問の迫力におされて、なんのアクションも起こせないでいました。

（発表者も、参加者も、すごいんだよなあ……）

　セッションの切れ目の休み時間中、司書は会場のホワイエで行われている、ポスター発表を見に行きました。

（あ、これ気になってた発表だ！）

「よければ、説明いたしましょうか？」

　ポスターに近づいた司書に声をかけてくれたのは、そのポスターを作成した発表者でした。笑顔が素敵な方です。

「え、いいんですか？　ぜひお願いします！」

　ひとしきり説明を聞いた司書は、自分の仕事での悩み事を添えながら、質問をしてみました。

　発表者は穏やかな口調で質問に答え、そしてこう続けました。

「あなたと私の現場とは状況が異なりますから、確かに、私が考えた方法では難しいかもしれないですよね。でも、あなたと同じような状況にいる司書は結構いると私は思うんです。あの、もしよければ、このような場で発表することも考えてみてはいかがですか？」

「へっ?!」

　司書は、素っ頓狂な声を出してしまいました。発表者はその声に微笑みながら、再度司書に語りかけました。

「発表って、よい結果を披露するだけのものではないんです。まだ解決していない課題や悩みなどをさらけだして、皆で共有して、一緒によりよい道を探っていくということも、このような勉強会の意義のひとつなんじゃないかって、私は思うんです」

「なるほど……でも私、人前で話すのは苦手で……」

「だったら、ポスターがいいですよ。私も人前で話すのが苦手で、あとベルの音がちょっと怖くて、毎回ポスターでエントリーしてるんです」

「私も一緒です！ ベルがちょっと」

「あはは、一緒だ！ じゃあ、そろそろ次のセッションが始まりますね。発表、楽しみにしています」

「あっ、ありがとうございます！」

　（あれっ私、発表することになっちゃってる？）

　おどおどしている司書に、発表者がもう一度声をかけました。

「"Give and Take" って言葉、知ってますよね」

「はい」

「どちらが先にありますか？」

「え、えーっと」

　（"Give and Take" は "Give" が先にある……そうか、「与える」ことが先にあってこその "Give and Take" なんだ。学びの場での発表は "Give"。もしかすると、発表することによって得られる学びは、何もアクションを起こさないのに得ようとすることがらとは違うのかもしれない。発表、チャレンジしてみようかな……）

　司書が答えようとして顔をあげると、周囲には誰もいませんでした。

　（あ、もう次のセッションが始まっちゃう！）

　司書は、急いで次の会場に移動しました。

山崎茂明さんと司書の学びの場

「"Give and Take" は "Give" が先にある」という言葉、私は司書の大先輩であり、私が大学図書館の司書として働いていた時代に利用者の立場でご指導くださった山崎茂明さんからはじめて聞きました。

山崎さんは、司書が「人々と"情報や知識"とを結びつける役割を果たし、両者のより適切な出会いをつくりあげる職業」であるとし、司書に必要なのは「主題知識を理解し自ら研究する姿勢をもっていること」「新しい技術への応用力をもっていること」「ホスピタリティ」の3点であるとも述べています[1]。「主題知識を理解し自ら研究する姿勢をもっていること」については、私自身、医学文献を扱う司書になって、ことさらにその意義を感じています。利用者の領域である医学研究への理解を深めること、そして研究者を支援する立場の司書もまた探究する姿勢を持つ必要がある者だということ、自身の研究成果を発表すること（Give）が誰かにつながり、自分の知らない場所で誰かの役に立つことがあるかもしれないこと。これらは現在の私の活動の柱になっているものです。

その山崎さんが発起人のひとりである『医学情報サービス研究大会（Meeting on Medical Information Services, 通称 MIS）』[2] という、全国規模の勉強会もあります。1984年に『図書館情報サービス研究大会』の名称で開催されてから40年、現

在の名称になってから 30 年の歴史を持つ、学会形式の集まり
です。情報サービスという言葉が含まれることから、司書や図
書館の関係者が多く参加する勉強会ではありますが、最近は情
報学や医学の研究者、医療職の参加もありますし、医学や医療、
健康に関する情報サービスや情報発信に関心がある方なら、誰
でも参加することができます。

　もし、あなたの住む街の近くで開催されることに気づいたり、
あなたの興味に合うような発表を見つけることができたら、よ
ければ足を運んでみてください。

1）山崎茂明 . Librarianship: 遠くまで歩いていくために . 薬学図
　書館 . 1990, vol.35, no.1, p. 14-20. https://doi.org/10.11291/
　jpla1956.35.14.
2）医学情報サービス研究大会 . http://mis.umin.jp/index.html.

18.
ナンボノタカラ

（見つけた！ これ、欠号だ！）

司書がガッツポーズをしたのは、医局の片隅。
分別用のゴミ箱がいくつも並んでいる場所です。

司書は、定期的に病院内のゴミ置き場を見て回ります。
時折、宝物が見つかることがあるからです。

司書にとっての宝物とは、冊子の資料。

ある学会誌の、古いバックナンバー。
院内で開催された、勉強会の資料。
使い古された、医学用語辞典、など。

　着任した当初は病院の倉庫に籠り、この病院の発行する広報
誌を開院当時まで遡って拾い出したこともありました。

「司書さん、お疲れさま。収穫はありました？」

　司書に声をかけてくれたのは、医局秘書のBさんです。

「はい、今日は探していた雑誌の欠号がありました」

「よかった。私も一応チェックしてるけど、さすが」

「いつも助かります。ありがとうございます」

「欠号って、なかなか埋められないのよね」

「そうなんです。以前は他の大学や病院の図書館のものを譲り受けたり交換したりっていう取り組みがさかんに行われていたんですけど、年々減っているんですよね。学会誌や大学紀要の場合はウェブで公開するところが増えているけど、冊子でしか入手できない文献はまだまだあります」

「いつ活用されるか、活用する人がいるかどうかもわからないけれど、いざという時のために、活用の可能性があるものは手元に置いておきたいよね」

「はい、棚に限りがあるので、できるだけなんですが」

　Ｂさんは、いつもなにかと図書館と司書を気にかけてくれます。

　司書がこの病院に着任する前は、Ｂさんが医師の希望する論文を取り寄せていました。今も司書が休みの時は、Ｂさんが図書館宛の郵便物を受け取ってくれます。医師へなにかを依頼する時は、司書が対応するよりＢさんにことづけした方が早く返事をもらえたりすることもあります。

　そして、過去に一度だけですが、間違って捨てられてしまった図書館の資料をＢさんが見つけ、司書に届けてくれたこともありました。

「あ」

司書の視線が、ある棚で止まりました。
　ある研修医の机にある、散らかり気味の棚です。

「どうしたの？」
「あ、あの、えーっと……あそこ」

　Ｂさんは、司書の見つめる先を見て、同じように「あ」っと
小さく声を出し、微笑みました。

「ああもう先生ったら、また館内限定の資料を持ってきちゃっ
てる。ちゃんと背表紙に印があるのにね。しかも、本の座布団
みたいになってるのは術着だし。これじゃ、みんながこの本を
使えないし、クリーニング業者さんも困っちゃうじゃない」

　Ｂさんはまっすぐその棚に近づき、さっと図書館の本と術着
を回収しました。そして、術着をクリーニングボックスに入れ、
図書館の本を司書に手渡しました。

「はい、どうぞ」
「あっありがとうございます……あの」
「先生には私が注意しておくね」
「え、でも……」

　Ｂさんはにこっと笑って答えました。

「秘書はね、医師に怖がられてナンボなのよ」
「ええっそんな……」

「冗談冗談。でも私が言った方が効果があるから」
「本当にいつもありがとうございます」

　Ｂさんはデスクに、司書は宝探しに戻りました。

　司書は、自分の仕事やここで見つけた資料って実際ナンボになるのだろうと考えながら、再びゴミ箱の隣に積まれた紙の山を崩していきました。

19.
見計らいは楽し

「お世話になります、〇〇書店の A です」
「こんにちは、どうぞお入りください」

　司書のいる病院図書館に、書店の営業の V さんが来館してくれました。

「ご依頼の資料、見繕ってきましたよ」
「重かったでしょう。助かります」

　今日は、V さん、司書、医師の 3 名で「見計らい」による選書を行います。
　「見計らい」とは、資料の現物を実際に手に取りながら図書館への受入を判断する選書の方法です。

　司書のいる病院の図書館で冊子の図書を購入する時は、通常、新刊情報が掲載されたカタログや出版サイトの情報を活用しています。今回は、この病院に新設される診療部門の職員が利用する図書について、部門の責任者である I 先生が直接判断したいという希望があり、珍しく見計らいによる選書が行われることになったのです。

　V さんが押してきた台車の上には、書店の名前を記した大き

な段ボール箱が、ふたつ。

　司書は、その段ボール箱に収められた図書を、図書館のブックトラックに並べます。

　ブックトラック３台分の、ピカピカの図書。
　空のブックトラックも、１台用意しました。

「では、Ｉ先生を呼んできますね」
「司書さん、僕、もういるよ」

　Ｖさんの後ろに、Ｉ先生が立っていました。

「先生、いつのまに！」
「さっきから。よし、やろう」
「はい、お願いします」

　Ｉ先生と司書が、それぞれ図書に目を通し、発注候補になった図書を空のブックトラックへと移動していきます。Ｖさんは、二人の選書を見守りながら、時折、声をかけてくれます。

「ガイドライン類、今日はないんだよね」
「はい、そちらは決定なので、今日はありません」
「ＯＫ。あ、これ、なんで選んだの？」
「こういう教科書的なものもあった方がよいと思ったのですが……」
「そうだね。でも、こういうのはみんな各自で持っておいて、

書き込んだりもしたいと思うんだよね……。たとえば、図書館の資料としてではなく、消耗品扱いで複数購入することは可能かな」

「それだと図書館の予算ではなく、部門での購入がよいと思います。私の方で稟議書の案を作成しますので、ご確認いただき、Ｉ先生の名前で事務局へご申請いただけますか？ 図書館でも保管用として、１冊発注します」

「なるほど、確かにその方がいいね。悪いけど、お願いできる？」

「もちろんです。今日中に先生へ送りますね」

「あ、先生が手に取られたその図書、結構売れてますよ」

「そうだろうね。こういう切り口でこのトピックを扱う図書、今まで無かったんじゃないかな」

「他院の先生も、同じようにおっしゃっていました」

「こちら、私のよく行く本屋でも面出しで置いてありましたよ。索引や参考文献が充実していますし、これから臨床経験を重ねる人のためのガイドが各章末にあって、使いやすそうだなって思いました」

「じゃあ、これも発注かな」

　空だったブックトラックに、図書が増えていきます。

「そろそろ総額を出してみた方がよさそうですね」

「そうですね、お願いします」

　Ｖさんが出した金額を、Ｉ先生と司書が確認します。

「予算内に収まりましたね。ではお手数ですがＶさん、これで見積書の作成をお願いできますか。事務局の承認が下り次第、

すぐに発注いたします」

「承知しました。では今回お持ちしたものは一旦回収して、発注をいただいたらすぐに新品をお持ちいたしますね」

「あ、大変でしょうから、郵送でいいですよ」

「大丈夫です。次の機会にぜひ紹介したいと思っているものがありますので。お邪魔かもしれませんが……」

「お邪魔だなんて、とんでもないです。むしろありがたいです」

「じゃ、僕は戻るね。二人ともありがとう」

「I先生こそ、お忙しい中、助かりました」

　I先生は部門へ、Vさんは次の営業先へ。

　司書は選書に使ったブックトラックを片づけ、デスクに戻りました。

　（いつもみたいにひとりで黙々と作業をするのも嫌いじゃないけれど、今日みたいにいろんな人のいろんな視点を交えながら図書館の棚づくりをするって、本当に楽しいし、勉強になる。でもひょっとしたら、まだいいものが見つかるかもしれない。もう少しだけ、調べてみようかな）

　司書は、次の休日も、本屋巡りになりそうです。

20.
あたりまえという奇跡

　今日の司書は、夜の病院にいます。

　仕事場としての病院では、ありません。
　司書の住む町にある、大きな病院の救急外来です。

　司書の家族が外出先で意識を失い、その病院に救急搬送されたので、迎えに来たのでした。

　司書には、生まれつき心臓に疾患を持つ家族がいます。
　司書は毎年、この家族の定期検査に付き添っています。

　年に一度、かかりつけの病院で検査を受けて「特に変わりないですよ」と主治医に告げられることが、家族や司書のあたりまえになっていました。
　救急外来の窓口に声をかけて処置室へ行くと、ベッドに横たわる家族を見つけました。家族も司書に気づきました。家族の腕にはバイタルを確認するための機器が複数つけられ、顔にはガーゼが貼られていました。

　司書は、ベッドの脇の椅子に腰かけました。

「顔、擦りむいちゃったみたい。覚えてないけど」

「痛そうね」

「痛いのはここだけ。あとは平気」

「まあ、それは、わからないよね」

「救急車の中で起きたんだよ。もう大丈夫ですって救急隊員の人にも言ったんだけど、大丈夫じゃないかもしれないから病院へ行きましょうねって」

「そうだね。見た目じゃわからないもん」

「ねえねえ、あそこ、見て」

「なに？」

「ここのベッドの配置図。私のところ、ラベルの色が途中で変わったんだ。もう大丈夫っていう色だよ」

「すごい、冷静だね」

「隣の人、すごく大変そう。私はもう平気だから、これから搬送される人のためにも早くベッドを空けなきゃって思うんだけど」

「そうだね。声をかけてくれるまで待とうね」

　しばらくすると、数名の医療スタッフが司書の前に現れました。

「ご家族の方ですか？」

「はい」

「わかる範囲で結構ですので、これまでにも今回と同じようなことが無かったかなどをお聞きしたいのですが」

　司書は、持病があって定期検査を受けていること、これまでにも数回倒れたことがあったがすぐに意識を取り戻して普通に生活していたことなどを説明しました。

「わかりました。少しお待ちくださいね」

またしばらくして、医療スタッフが戻ってきました。

「今は大丈夫だと思うのですが、ここでしっかりと判断することはできません。日をあらためて、専門医の診察を受けていただけますか。こちらで予約を取ることもできます」

司書は不安げな家族の目を見て頷き、答えました。

「わかりました。ありがとうございます」

数日後。

家族と共に、今度は朝一番の来院です。
まずは、循環器内科で診察を受けます。

問診と身体所見を終えた医師が口を開きました。
「何が原因かというのをはっきりとひとつに決めることはできないですし、今から行っていただく検査の結果でも変わってくるのですが、手術をして今回のようなことを起きにくくする、という選択肢はあります」
「手術、ですか」
「はい。今からその手術に関する説明をしますね」

医師は絵を描きながら、丁寧に話してくれました。

「手術をすることによるリスクもあるんですね」
「そうですね、まれにですが、先ほど説明した合併症が起こることはあります。ただ、同じくらいの年齢の患者さんを多く診てきましたが、これからのことを考えると、手術をしないリスクの方が高いかもしれません。今からいくつか検査を受けていただきますから、その時間も使って、手術をするかしないかを考えてみてください」
「わかりました」

　司書は、家族が検査を受けている間、スマートフォンで診療ガイドラインを開き、該当箇所に目を通しました。先ほど医師が説明してくれた手術は、診療ガイドラインも推奨する治療法でした。

　（確かに先生が説明してくださったとおりだ）

　検査を終えた家族と一緒に、再び診察室の前へ。
　診察までの待ち時間、家族がふと口を開きました。
「……手術、怖いね」
「そうだね、怖いね」
「手術して別の病気になるって。治すためなのに」
「合併症だよね……起こるかはわからないけれどね」
「これまで気を失っても、別にその後何か大きなことがあったってわけでもなかったし、このままにしておくってこともできるよね」
「そうだね。でも、これからも同じように何もないっていうわけではないかもしれないよね」

「難しいね」
「うん、難しいね」

　再び、診察室へ。
　医師が、検査の結果を説明してくれました。

「この結果でしたら手術できますが、どうします？」

　司書は家族と目を合わせ、一呼吸おいて、答えました。

「すいません……今すぐには決められなくて」

　医師は、微笑みながら頷きました。

「大丈夫です。なにかあればすぐに来てくださいね」

　数週間後。

　司書は、ひとりで病院へ行きました。
　診察室ではなく、患者支援の窓口です。

　あれから、診療ガイドラインを再度読み直し、診療ガイドラインにあった参考文献や、自分なりに調べた文献にも目を通しました。結果、やはり手術がよいと考えたものの、ひとつだけどうしてもひっかかることがありました。複数のデータベースを調べてみましたが、その疑問を解決してくれる文献が、司書には見つけられません。

そこで、病院に行けば助言を得られるかもしれないと考え、この窓口にやってきたのです。

　司書は、窓口の職員へ、相談内容を伝えました。
　職員は深く頷きながら、話を聴いてくれました。

「わかりました。ご相談の内容は、診察を担当した医師が答えるのが一番だと思います。ただ、診療時間中なので、今、医師がこちらに出向くことはできません。ですから、診察の合間に私が本件を医師に伝え、回答を預かってまいります。お待たせしてしまいますが、よろしいでしょうか？」
「もちろんです」

　司書は近くの椅子に腰かけ、本当に関連する情報はないのか、自分の調査が足りなかったのではないかと、もう一度スマートフォンで文献を検索しながら職員を待ちました。

　しばらくすると、職員が戻ってきました。
　医師の回答は、司書の納得のいくものでした。

　病院から戻り、司書は家族と話し合いました。
　そして翌日、電話で手術の予約を入れました。

　司書は、家族が検査の度に変わりないと言われていたことも、手術をしなくても無事に過ごせていたことも、あたりまえではなく奇跡だったのかもしれない、むしろ、あたりまえだと思えていたこと自体が奇跡だったのかもしれない、と思いました。

診療ガイドライン

　この章は、実際に私の家族に起こった話が元になっています。
救急隊員の方から電話を受けたとき、自分では冷静に対応して
いたつもりでしたが、電話を切った後に自分の手が震えている
ことに気づき、保険証の入ったポーチのジッパーをうまく閉め
られなかったことを覚えています。

　手術をするかしないかのくだりも実際にあったことで、家族
の検査を待つ間にスマートフォンで『Minds ガイドラインライ
ブラリ』[1] を開き、該当する診療ガイドラインに急いでアクセ
スしました。そして、この章の司書と同じく診療ガイドライン
の解説と医師の説明が一致することを確認しましたが、その場
で決断することはできませんでした。診療ガイドラインに書い
てあることが多くの人にとって適切であることはわかっていて
も、それが自分の家族にも適用できるかどうかを判断すること
はできなかったし、医師の説明にあった「年齢とリスクの関係」
についての記載が診療ガイドラインにはなかったからです。関
連する他の文献も調べた上で、後日、その病院にあった患者支
援センターを通して医師に質問し、年齢に関してはその医師の
経験に基づくものだったという回答を得ることができました。
その上であらためて家族とも話し合い、手術をすることを決め
ました。

　この意思決定の方法が適切だったかどうかは、わかりません。

もっといい方法があったかもしれませんし、医師の診察を受けた時点で決めればよいことだったのかもしれません。それでも、もやもやとした状態でするかしないかを決めてしまったり、いつまでも決められないままなんとなく時が過ぎて何かが起こってしまったかもしれないことを考えると、待合室の小一時間で私なりに精一杯調べたことも、調べた結果に満足せずじっくり迷ったことも、無駄ではなかったと思っています。そして、その症状に関する診療ガイドラインが存在していたことに、本当に感謝しています。その診療ガイドラインが、意思決定を行うためのスタート地点を与えてくれたからです。

　診療ガイドラインは、ある病気に関して、その時点で最も適切な診断方法や治療方法を、科学的な手法にのっとってまとめたものです。基本的には医療職に向けて作成されるものですが、病気に向き合う患者さんやご家族の方にも役立つ情報が含まれていますし、診療ガイドラインの内容から要点を抜粋して読みやすい文章でまとめた、患者さん向けの診療ガイドラインが作成される場合もあります。公共図書館でも、病気を知るための基本資料として棚に置いているところがあります。

　日本でどのような診療ガイドラインが作成されているかは『東邦大学・医中誌 診療ガイドライン情報データベース』[2]で調べることができます。日本医療評価機構の『Minds ガイドラインライブラリ』[1]では、オープンアクセスになっている診療ガイドラインを読むことができます。

　診療ガイドラインは、必ず冊子の図書の形で出版されている

わけではなく、インターネットで公開されたり、専門誌に掲載されることがあります。冊子の図書の形で出版されない場合、特に公共図書館の棚に置くことが難しくなります。でも、もし可能であれば、その病気に該当する図書館の棚に、診療ガイドラインがあることだけでも案内してもらえたらいいなとも思っています。藁をもつかむ思いで図書館の棚を見た人が、診療ガイドラインの案内を起点に意思決定のための情報収集を始めることができるかもしれないからです。一方で、日本で作成された診療ガイドラインの中には質が良いとは言いづらいものがあることを、ある要因のひとつと照らし合わせた報告もあります[3]。

　医療職が言うから、診療ガイドラインに書いてあるから、ということだけで判断しないほうがいい場合もあることを心に留めておきたいですし、そのような場合に掘り下げて考えることを支援できる立場としても司書がお役に立てたらとも思っています。そのためにも、医学や医療、健康に関する資料を扱う司書であれば、診療ガイドラインの作成や評価も含め、医学研究や医学文献についての基本知識は携えておきたいところです。

1) 公益財団法人日本医療評価機構 . Minds ガイドラインライブラリ . https://minds.jcqhc.or.jp/.
2) 東邦大学 ; 医学中央雑誌刊行会 . 東邦大学・医中誌 診療ガイドライン情報データベース . https://guideline.jamas.or.jp/.
3) Yamamoto N.; Ozaki A.; Taito S.; Ariie T.; Someko H.; Saito H.; Tanimoto T.; Kataoka Y. Association between Conflicts of Interest Disclosure and Quality of Clinical Practice Guidelines in Japan: A Meta-Epidemiological Study. Journal of Personalized Medicine. 2023, vol.13, no.12, 1722. doi: 10.3390/jpm13121722.

21.
絵で伝える・伝わる

「ねえねえ、最近、どんな本読んだ？」

　司書にそう尋ねたのは、別の病院の司書、Ｇさんです。

　Ｇさんとは昨年、司書の勉強会で知り合いました。ベテラン司書のＧさんに仕事の相談をしているうちに仕事以外の話もするようになり、プライベートで会ったりチャットをやり取りしたりする仲になりました。今日も勉強会の後、近くのカフェに一緒に行き、他愛もないおしゃべりをしていました。

「ええと、論文とか医学書以外ですよね」
「ふふっ、そうだね。じゃあ、それ以外で」
「うーん……あっ」
　司書はバッグから、一冊のマンガを出しました。
　タイトルは、『末期ガンでも元気です』[1]。

「へえ、どんな内容なの？」
「家の近くの本屋さんで、偶然見つけたんです。突然末期ガンを宣告された、漫画家さんの実録です。いわゆる治療以外の家族関係や仕事の事など、さまざまな話題が描かれていて、考えさせられることが多かったです。でも、登場人物が動物だったり、さすが漫画家さんというか、難しい話のところにも笑える

ネタを入れていたりして、あまり重たくならずに一気に読めちゃいました。しかもこれ、公的機関の情報なんかも引用されていて、同じ立場の患者さんや家族の方にも役立つんじゃないかって」

「へえ、私も読んでみようかな……ところで」

「ところで？」

「それも、医学関連の本じゃない？」

「あ」

　Ｇさんは慌てる司書に微笑みかけながらコーヒーカップを置き、司書に話しかけました。

「"Graphic Medicine"って、知ってる？」

「グラフィックメディスン？」

「うん。日本語だと、"医療マンガ"かな」

「あ、この本も……」

「うん。それは患者目線だけど、医療職を主人公にした作品もそうだし、体や心の障害とかセクシャルマイノリティとか、扱うテーマは結構広いみたい」

「"Medical Comics"ではないんですね」

「そうだね。私が知っている限りでは"Graphic Medicine"が使われていると思うよ。世界４大誌 2) のどれだったかな、アルツハイマーがテーマの医療マンガをとりあげた論文も見かけた気がするんだよね」

「そうなんですね。帰ったら調べてみます」

「いいねえ。じゃあ、私も確認してみるね」

司書は、帰りの電車の中で、医学用語のシソーラスである『MeSH Browser』を開きました。

　「Graphic Medicine」と入力して検索してみたところ、「Graphic Novels as Topic」の索引語がヒットしました。同義語の欄には、「Graphic Medicine」「Comic Books」「Manga」とあります。また、この標目とは別に、出版タイプを示す標目「Graphic Novel」も登録されていることがわかりました。

　（Gさん、世界4大誌で論文を見かけたって言ってたな）

　司書は『PubMed』を開き、「Graphic Novels as Topic」の索引語で検索をしてみました。

　（本当だ、JAMA や Lancet の記事がある）

　次に司書は『LocatorPlus Catalog』[3)] を開き、「Graphic Novel」の出版タイプで National Library of Medicine（NLM）の蔵書を調べてみることにしました。アメリカの国立医学図書館である NLM がどのような資料を所蔵しているのかを知りたくなったのです。

　（やっぱり、論文と違ってタイトルから主題が判断できないものもあるな……この本はどんな内容なんだろう）

　司書は、『A thousand coloured castles』[4)] という資料のタイトルをクリックして詳細情報を開き、書誌に付された「Charles Bonnet Syndrome」と「Macular Degeneration --

complications」の索引語を確認し、MeSH Browser でそれぞれの標目のスコープノート[5] を確認しました。

（シャルル・ボネ症候群は視覚の低下によって起こる幻視のことか……だから『千色の城』……なるほど）

うんうんと頷く司書のスマートフォンに、メッセージ通知が届きました。G さんからです。

「今日も楽しかったね。さっきの論文はこれ」

司書が G さんから送られてきた論文の URL を開くと、Lancet に掲載されたパースペクティブ論文[6] が表示されました。

（このマンガ、さっき検索でヒットした中にあったやつだ。でも、この論文の PubMed の書誌情報には「Graphic Novels as Topic」がない。この論文の主題は「認知症とスティグマ」で、マンガを主題として扱ったものではないからなあ……）

再び、G さんからメッセージが届きました。

「興味が出てきたなら、こっちも見てみて」

新しく届いた URL は、関連団体のウェブサイト[7] でした。

（G さんは私の動き、しっかり読んでるなあ）

司書は、G さんのメッセージに返信しました。

「こちらこそ、いつもいろいろ教えてもらえてうれしいです。帰宅したら団体のサイト、じっくり見てみますね」

司書は電車を降り、いつもより早足で自宅へ向かいました。

1) ひるなま . 末期ガンでも元気です = I'm a terminal cancer patient, but I'm fine. : 38 歳エロ漫画家、大腸ガンになる . 東京 : フレックスコミックス . 2021. ISBN978-486675140.
2) 世界 4 大医学誌のこと。『The Lancet』『New England Journal of Medicine』『JAMA (Journal of the American Medical Association)』『BMJ (British Medical Journal)』を指す。『Annals of Internal Medicine』を加えて世界 5 大医学誌とする場合もある。
3) National Library of Medicine. LocatorPlus Catalog. https://catalog.nlm.nih.gov/.
4) Brookes, G. A Thousand Coloured Castles. University Park, Pennsylvania: The Pennsylvania State University Press, 2017. ISBN978-0993563300.
5) 索引語の定義や索引の範囲などの説明文。スコープノートは、その索引語で示す対象を明らかにするという役割があるため、司書は書誌データを作成する時も索引語を使って検索する時も作業の都度確認することが求められる。
6) Walrath D.; Lawlor B. Dementia: towards a new republic of hope. Lancet. 2019, vol.394, no.10203, p.1002-1003. doi:10.1016/S0140-6736(19)32099-9.
7) 一般社団法人グラフィックメディスン協会 . https://graphicmedicine.jp/.

グラフィックメディスン

　この章では、グラフィックメディスンについてとりあげました。NLM では、以下の理由から、グラフィックメディスンは NLM の所蔵対象であると明言しています[1]。

1. 患者の視点に特化した形で、医学研究の進歩を記録している。
2. 医学教育の中の医療人文学において、患者が医療システムをどのように経験しているかを学ぶことができるなどの、動的な貢献をしている。
3. 医療政策の立案と実施を明らかにするのに適した立場にある。特に、医療サービスの受け手である患者に重点を置いた作品はさらに焦点が明確で、わかりやすくなっている。
4. 医療行為に対する一般市民の認識を率直に描写している。

　NLM では、グラフィックメディスンの特設サイトも作成し、作品や作品を活用した教育プログラムを提供しています。

　患者によって綴られた記録については、グラフィックメディスンという言葉が登場するよりも前から知られている「闘病記」があります。闘病記については、この本の 30 章から 32 章でもとりあげています。闘病記もグラフィックメディスンにも、いわゆる医学や医療の専門書では知ることのできない情報が含まれています。司書は、医学知識を得る資料とは異なるこれらの資料の特性を十分に理解した上で、図書館の棚づくりをどのよ

うに行うかを考える必要があるでしょう。

1）National Library of Medicine. Graphic Medicine: Ill-Conceived & Well-Drawn!. https://www.nlm.nih.gov/exhibition/graphicmedicine/index.html.

22.
この司書がいるから

「うーん、無いなあ……あっ」

　司書は、周りの人の視線に気づき、慌てて口を閉じました。

　司書がいるのは、ある公共図書館の棚の前。
　探しているのは「6歳が理解できる脳出血の本」。
　棚の背には、「49 医学」とあります。

　司書の友人のお母様が、脳出血で倒れました。

　病院で母と会えた。でも意識が無くて。
　意識は戻った。でも私のことがわからない。
　私を見て笑った。でも言葉が出てこない。
　リハビリが始まった。でも右半身が動かない。
　友人からは、しばらくの間、そんなメッセージがぽつりぽつ
りと届いていました。

　そして、昨日。
　いつもより、少し長めのメッセージが届きました。

　退院が決まった。
　今後は通院しながら、根気よくリハビリ。
　家族みんなでサポートしようねって話した。

でも、ひとつ困ったことがある。
助けてくれないかな。

それが「6歳が理解できる脳出血の本」でした。

友人の息子、K君は6歳。

目の前でおばあちゃんが倒れ、泣きじゃくったK君。
病院で目を覚ましたおばあちゃんに抱きついたK君。
以前とは全く違う様子のおばあちゃんに戸惑うK君。

おばあちゃん、どうしちゃったの？
おばあちゃん、もとにもどるの？
ぼくがおばあちゃんにできることはないの？

K君は毎日のように、尋ねてくるそうです。

そこで友人は、K君が病気のことを理解することで少しは心
が落ち着くのではと考え、司書に「6歳が理解できる脳出血の
本」を探してほしいと依頼してきたのです。今は退院や家のリ
フォームのことなどでばたばたしているが、余裕が出てきたら
図書館で借りるか書店で買うので、先に見繕っておいてくれな
いか、というメッセージも添えられていました。

司書の勤める病院の図書館にも疾患の基本情報に関する図書
はありますが、いずれも医療職向け。一般向けの図書はありま
せん。また、公共図書館の蔵書検索や書店のサイトで調べても、

ヒットするのは大人向けの図書ばかりです。そこで、友人の家の近くの図書館に行き、いいものはないかと直接探しに来たのでした。

　（よし、こういう時は、あそこだ）

　ひとしきり棚を見て、自分ではどうにもならないと判断した司書は、「レファレンス」というサインが吊り下げられているカウンターに向かいました。

　司書は、カウンターに座っている職員に声をかけました。

「すいません、本を探してほしいのですが」
「どんな本ですか？　タイトルとかわかりますか」
「資料が決まっているわけではないんです」
「では、どのような内容のものを探しているのか、教えていただけますか」

　司書は、小さく深呼吸してから、説明を始めました。

「脳出血で体の片方が動かなくなったり言葉が出なくなったおばあちゃんのいる小学生の男の子に、その病気のことを理解できるような本があればと思って……」

　司書の話をうなずきながら聴いていたカウンターの職員は、すぐにカウンターにある端末のキーボードを打ち始めました。蔵書の検索をしているようです。

（え……今の説明だけで見つけられるの？ すごいな）

　司書は、キーボードを打ち続ける音を聞き続けました。
しばらくして、キーボードを打つ音が、止みました。

「蔵書検索では見つからなかったんですが……こちら、来てい
ただけますか」
「はい」

　司書は、児童書のコーナーへ案内されました。

（なるほど、6歳向けの本だから）

　職員は絵本のあるエリアへ行くと、何冊かの資料を抜き出し、
司書に手渡しました。

「こちらで、高齢者が登場するものを選んでいけば見つかるか
もしれませんから、ご自分で探してみてください。だいたい、
タイトルに“おじいちゃん”とか“おばあちゃん”とかが入っ
ていると思います。では、私はカウンターに戻りますが、探せ
なかったら、またお声がけください」

「あ、はい」

　司書は、手渡された本に目をやりました。

　どれも、認知症になった高齢者を孫の視点から描いたもので

した。

　（あれれ、私が探しているのは、認知症じゃなくて脳出血の本なんだけど……私の説明が足りなかったのかな……それとも「おばあちゃん」とか「言葉が出なくなった」とかの印象の方が強かったのかな……うーん……でも、せっかく案内してもらったんだから、探してみよう）

　この図書館の絵本は、出版者別に並べられていました。

　司書は手渡された絵本を元の位置に戻し、棚の絵本のタイトルを端から見始めました。しかし、棚の一段分を見ただけで、ため息が出てきてしまいました。

　（さすがに「脳出血」ってタイトルが含まれる絵本はないよねえ……どういう言葉をイメージして見ていくといいんだろう……）
「あの……お困りですか？」

　うなだれる司書に、先ほどとは違う、別の職員が声をかけてくれました。

「はい……困っています……」
「資料、お探しですよね。さきほどは医学の棚のあたりでお見かけしましたが……よければ、聞かせていただけますか？」
「いいんですか？」
「もちろんです」

司書はもう一度、カウンターの職員に話したことと同じ内容を伝えました。

「ああ、だからこちらのコーナーへ」
「はい、6歳の子がわかる内容ということで、絵本を案内していただいたんだと思います。でも無いですね、どんぴしゃなものって」
「差し支えなければお聞かせいただきたいのですが、ご自身でこれまでにお調べになったことなど、ありますか？」
「はい、書店の商品検索サイトや国立国会図書館、この地域の図書館の横断検索を使い、"脳出血""脳卒中""脳血管障害"などの疾患名で調べましたが、これだと思うものは見つかりませんでした。ただ、製薬会社のウェブサイト[1]に子ども向けのページがあって、そこに脳出血に関する説明が含まれていることは確認できています。製薬会社のサイトではありますが、商品を宣伝する要素はありませんでしたし、日本学校保健会がそのページの監修をしていましたので、内容も文章表現も今回の目的に合っていると判断しました。ただ、そのサイトだけでは足りないかもなって……」
「どのあたりに、足りなさを感じられたのですか？」
「今回探している本は、私が使うのではなく、私の友人がそのお子さんに説明するためのものなんです。友人からは"本を探してほしい"と依頼されていますし、可能であれば友人とお子さんがそういう本を一緒に見ながらコミュニケーションをとってくれるといいなって、勝手に思っているところがあって……」
「なるほど……ならば」

「いい本、ありますか？」
「ちょっと待っていてください」

　職員は、児童書コーナーにある「491」の棚に急いで行くと、
1冊の本を取り出し、司書のところまで戻ってきました。

「こちらは、小学生向けに書かれた、解剖学の本です。人体の
仕組みについて、イラストと平易な文章でわかりやすく解説し
ています。脳のページもあります。こちらと、すでに入手され
ているその製薬会社の解説のページ、もし加えるのであれば、
関連学会の一般向けサイトなどにある大人向けの脳出血に関す
る解説をご友人に紹介されてはいかがでしょうか」
「この本の脳の部分を親子で一緒に見ながら、あらかじめ友人
が一般向けの解説ページなどで学習しておいた内容を、子ども
が理解できる言葉に置き換えて説明する、ということでしょう
か」
「そのとおりです。いかがでしょう」
「いいですね」
「"マインズ"というサイトは、ご存じですか？ 国内の診療ガ
イドライン情報を集めているところなのですが、一般向けの
"やさしい解説"というページがあります。おそらく脳出血を
含む脳血管障害についてもあるはずですので、よければ見てみ
てください。また、リハビリや介護、補助制度などに関する本
もいくつか所蔵していますから、必要であればご利用ください
と、ご友人にお伝えください。こちらの本、お借りになります
か？」
「私が借りて友人に渡すと又貸しになってしまうので、館内で

閲覧して、書誌情報をメモしますね。マインズのページも、スマートフォンで見てみます」

「承知しました。では利用を終えられましたら、館内の各所にある返本台に置いてください。職員が元に戻します」

「医療情報、詳しいんですね」

「実は私の担当に、医学の棚が含まれておりまして。また、なにかありましたら、遠慮なく私をお呼びください。Iと申します。……あの、失礼ながら、私からもお尋ねしていいですか」

「はい」

「ひょっとして図書館関係の方ではありませんか？」

「えっ、な、なぜですか？」

「これまでの調査過程をお聞きして、ひょっとしたらと思ったのと、"書誌情報"っておっしゃいましたよね、今」

「うわ……あたりです」

「やっぱり、そうなんですね。今回の件、ご相談いただけてよかったです。私も大変勉強になりました」

「こちらこそ、本当に助かりました。またいろいろ教えてください」

「お待ちしています」

「ありがとうございます。失礼します」

　図書館からの帰り道。
　司書は友人に、メッセージを送りはじめました。

「今から順に説明していくね。あと、図書館に行けるようになったら、Iさんっていう人を頼ってみて。きっと力になってくれるから」

この司書がいるから、この図書館に行きたい。

司書も、そんな司書になりたいと思いました。

1) 中外製薬 . 脳：からだとくすりのはなし . https://www.
chugai-pharm.co.jp/ptn/medicine/karada/karada001.html.

23.
よかった

　司書は今、病院の職員用出入口の前にいます。
　ある人がやってくるのを、待っています。

　（あ、きょろきょろしてる、あの人かな……）

　司書がそれとなく視線を送ると、その人は微笑みながら走っ
て近づいてきました。

「よかった、迷わずに来れたわ。司書さんよね」
「はい、M先生ですよね」
「Mです。今日はよろしくお願いします」

　M先生は、今年の4月から、この病院と同じ法人が運営する、
療育センターの医師として働いています。
　「ほんと、よかった。誰に文献のことを相談すればいいのか、
困っていたの。そしたら、図書館を兼務している事務の人が、
病院の方には司書がいらっしゃるって教えてくださって」
「よかったです」
「私ね、このあたりの出身じゃないから土地勘がなくって。ちゃ
んと病院にたどり着けるのか心配だったの。玄関であなたが
立っているのを見て、うれしくなっちゃった」
「よかったです」

M先生は、エレベーターの脇にある階段を早足で上りながら、はずむような明るい声で司書へ話しかけます。司書もおなじくらいの軽やかさで返事をしたいのですが、日ごろの運動不足が影響し、階段を上りながらの状況では「よかった」と一言で返すのが精一杯でした。

　二人は、図書館に着きました。
　司書は、息を整えながら、説明に入りました。

「着きました。こちらです」
「大丈夫？　なんだかつらそう」
「すいません……ちょっと水分取ります」

　司書は、ペットボトルの水を一口飲みました。

「こちらが図書室です。職員の ID カードがあれば、24 時間、いつでも入室可能です。さきほど総務に確認したところ、法人の医療系職員は申請なしで利用できるそうなので、M先生がお持ちのカードでも対応できます」
「うれしいわ。ちょっと試してみますね」

　司書は、M先生がカードリーダーを試しているのを見つつ、また水を一口飲みました。

「では、利用者用端末へどうぞ」

　M先生は事前に司書へ、希望する文献の書誌事項を伝えて

くれていました。

　司書は、利用者用端末で、対象文献のページを開きました。

「ご希望の文献はこちらですよね。当院の契約内容を確認した
ところ、このジャーナルに掲載された文献はウォークインユー
ザー [1] OK で文献のダウンロードも可能なものとなっていまし
た。どうぞご利用ください」
「助かるわ。他の文献も見てもいい？」
「はい、もちろんです。ただ、電子ジャーナルは契約条件によっ
て利用の範囲が異なりますので、決まったらお声がけいただけ
れば」
「あ、よければ、なんだけど……」
「はい、なんでしょう」
「今回希望したような文献と似たようなものが新しく出ていな
いか、調べてもらいたいの。でも、迷惑かしら……今日はただ
でさえ私にたくさんの時間をかけてもらっているし」

　司書は首を大きく横に振り、M 先生に答えました。

「ぜんぜん迷惑ではないです。むしろ、私の勉強にもなります
から、そのようなご依頼はとてもありがたいです。ちょうど今、
他に利用する方もいらっしゃいませんから、すぐに検索してみ
ますね。代行検索は司書の仕事のひとつですから、これからも
遠慮なくおっしゃってください。では、少しお待ちくださいね」
「ありがとう！ じゃあ、この文献を読んで待っているわ」

司書は自分のデスクに戻って仕事用の端末で文献データベースを開き、M先生が今回希望した文献の書誌事項にある索引語などを頼りに新たに検索を行いました。そして、ヒットした文献の上位10件ほどのタイトルや抄録を見て、内容的に自分の検索が適切であることを確認しました。

「先生、今、Emailを開けますか」
「あら、もう検索できたの？」
「はい、今リストのURLをお送りしました」
「はーい……うん、読んでみたいもの、あるわ」
「よかったです。では、当院でダウンロードができるものは、ぜひ、今日、お持ち帰りください。当院に所蔵がないものやILLで可能なものについては、図書館経由でお申込みいただければ、療育センターへ法人便でお送りします」
「わあうれしい！　じゃあセレクトして返信するわね」

　数時間後。
　M先生が帰る時間になりました。

「今日はどうもありがとう。来てよかったです。ちなみに司書さん、医学以外の文献データベースも検索できるの？」
「以前働いていた図書館は医学以外のところでしたし、ほとんどの文献データベースにはヘルプやマニュアルがありますから、おおむね大丈夫かと思います。療育だと医学以外、たとえば心理や教育なども検索対象になりますよね。契約していないものは使えませんが、無料で使えるデータベースにも活用できるものが結構あります。なにかあれば、お気軽にご連絡くださ

い」

　M先生はにっこりと笑い、答えました。

「よかったです」

　司書も、答えました。

「こちらこそ、よかったです」
「うふふ」
「はい？」
「今日 " よかった " って何度言ったかなって 」

　二人は顔を見合わせ、笑いました。

　M先生が帰った後、司書は、電子ジャーナルの契約について、病院単体ではなく法人でできるかどうかを事務局長に相談した方がよいかもしれないと、思いました。

　（本当によいのは、M先生が休みをとってまで図書館に来なくても、すぐに文献が手に入ること、だものね……でも、金額的に厳しいかもしれないな……）

　そしてもうひとつ。

　司書は、階段で息切れしない体力をつけようと、決めました。

1) walk in user。電子ジャーナルや文献データベースを契約する際に、提供元から示される条件のひとつ。許可されていれば、契約する機関の所属でない者でも来館すれば利用することができる。利用の範囲は、契約機関や提供元の提示条件により異なる。

24.
大盛り

お昼休み。
司書は、久しぶりに病院の食堂に行きました。
朝に拵えたおにぎりを、家に忘れてきたからです。

病院の最上階には、食堂の扉がふたつあります。
ひとつは、誰でも利用できる一般食堂の扉。
もうひとつは、職員食堂の扉です。

一見、ふたつの食堂が並んでいるように見えますが、調理場
はひとつです。

司書は、出入口のカードリーダーに職員証をかざし、職員食
堂の扉を開けました。

（結構並んでるなあ、あ、I部長）

列の先頭には、看護のI部長の姿がありました。

まずは、出入口のすぐ脇にある水場で手を洗います。
「本日の定食」の黒板を横目に、注文の列へ。
注文用のリーダーに職員証をかざし、「定食」を選択。
出力された食券を手に持ち、順番を待ちます。

代金は、翌月の給与から差し引かれます。

　司書の番になりました。
　司書は、カウンターに食券を出しました。

「はーい、AとB、どちらにします？」
「A定食をください」
「はーい、Aね。ご飯はどうします？」
「半分でお願いします」
「はーい、半分ね」

　職員食堂のお茶碗は大きめで、何も言わないでいると、その
大きなお茶碗にご飯が目一杯に盛られます。

（医療職には必要な量なのだろうけど、私には……。食べ過
ぎると眠くなっちゃうし）

　お茶碗半分でも、かなりのご飯の量。
　メインのおかずと、ミニサラダと、小鉢。
　大きめの汁椀に、具だくさんのお味噌汁。

（相変わらずのボリュームだ。お味噌汁も半分にすればよかっ
たかも……さあ、空いている席はあるかな……）

「司書さーん、ここ、空いてるわよー」

　お盆を持ってきょろきょろしている司書に声をかけてくれた

のは、看護部のＩ部長です。司書はＩ部長の席に行き、隣に座りました。

「助かりました。失礼します」
「最近、ずっと屋上庭園じゃなかった？」
「実は、おにぎりを家に忘れちゃって」
「あらあら、じゃあ夕ご飯はおにぎりね」
「はい、夜は拵えなくてよくなりました」
「あはは、仕事はどう？ 忙しい？」
「そういえば、最近看護の複写依頼が増えましたね」
「看護研究をしている人かな。助かるわ」
「はい、いろいろありがとうございます」

　ふいに、Ｉ部長の首に下げられた内線電話の着信音が鳴りました。Ｉ部長は司書に「ごめんね」のジェスチャーをしながら、一度目のコールが終わる前に通話ボタンを押しました。そして、少し頷いてから「わかった、ちょっと待ってて」と答え、終了ボタンを押しました。

「お礼を言うのはこっちの方よ。じゃあ」
「お忙しいのに、失礼いたしました」
「大丈夫。私、もう食べ終えてたから」
「えっ、あっ、片づけておきましょうか」
「早食いなのよ、私。大丈夫よ。またね」

　Ｉ部長はすっと立ち上がり、厨房に「ごちそうさま」と声をかけながら返却口にお盆を戻し、食堂を後にしました。

（なんという手際の良さ。それにしてもこの味噌汁、減らない……）

　司書は、その数十分後、お腹を十分すぎるほどに満たしてから、事務のフロアに戻りました。そして、午後の仕事を開始する前に、事務局で郵便物を受け取りました。

　午後に行う最初の仕事は、その郵便物に含まれる到着文献のチェックです。

　封筒を開けて、文献と明細書を取り出します。
　到着した文献と、依頼内容とを照合します。
　すべて間違いがなければ、文献のみを封筒に戻します。
　明細書や請求書は、支払関連のボックスにまとめます。
　管理用のデータを、依頼中から受取に遷移させます。
　封筒に、管理番号と依頼者の氏名をメモします。
　メモした封筒を、依頼者の所属別にまとめます。

　司書は、文献の入った封筒を手に、もう一度事務局へ。
　事務局にある各部署のレターケースへ、文献を投函。

　そして、医局へ。

　医局には、医師個人のレターケースがあります。

　医局の扉を開けた途端、ウスターソースの匂いが司書の鼻をつきました。

ゴミ箱を見ると、大盛りのインスタント焼きそばの器。

　スナック菓子やパンの袋も、大量に捨ててあります。

　ゴミ箱の脇には、エナジードリンクや炭酸飲料の空き容器が、ごろごろ。

　（大盛りを食べなければ動けないほどの体力を必要とする人たちが、食堂に行く時間のない人たちが、この病院にはたくさんいるんだよね……彼らが少しでも楽になるために、私ができることって、なんだろう……）

　レターケースに文献を入れ終わり、ふと、医局の奥に目をやると、休憩用のベンチや自分のデスクで昼寝をしている医師が見えました。

　司書は靴音を鳴らさないよう、そっと医局を出ました。

25.
常連さん

「あーいたた、司書さん」
「あ、G先生。どうしましたか」
「今日もお願いしたいんだよね」

　医局前を歩く司書に声をかけたのは、外科のG先生。

　G先生は、図書館の常連さんです。司書がこの病院に着任して間もない頃から、何度も文献検索の依頼をしてくださいます。

　司書は、はじめてG先生と話した時のことを、そして、その時のG先生の「依頼しても大丈夫なのかな？」という不安そうな表情を、そして、その表情に緊張して声が上ずってしまった自分のことを、よく覚えています。
「はい、今日はなんでしょう」

　司書は、いつも腰につけているナースポーチからペンとメモ帳を出しました。

「○○の術後成績についての文献なんだけど」
「○○？　すみません、どう書けばよいのか」

　それは、司書がこれまでに聞いたことが無い手術の名前でし

た。G先生は、戸惑う司書の顔を見て、微笑みながら、スクラブの胸ポケットからペンを出しました。

　「それ、ちょっと貸してくれる？」
　「はい、お願いします」

　G先生は、○○の英語名と日本語名をさらさらとメモ帳に書きました。

「へえ、そういう名前の手術があるんですね」

　司書がメモ帳を覗きながらつぶやくと、G先生は司書の顔を見て、再び微笑みながら、メモ帳に絵を描きだしました。

「この手術はね……」

　G先生は司書に、○○がどのような場合に行われるのかや実際の手術の流れについて、図解をしながら丁寧に説明してくれました。

「ありがとうございます。勉強になります」
「こちらこそ、今回も頼むね」
「はい。最近の文献とおっしゃっていましたが、どのくらい遡りましょうか」
「そうだね、5年くらいかな。もしそれで文献が多すぎるようだったら、ちょっと考える。まずはざっと検索してもらってもいいかな」

「研究デザインなどで、最初にある程度文献を絞ってもいいですか」
「うん、お願い。まとまったら Email で送って」
「承知しました」

*　　　*　　　*

「あーいたいた、司書さん」
「あ、G 先生。どうしましたか」
「今日もお願いしたいんだよね」

　以前の依頼から数か月、G 先生は再び司書に声をかけてくれました。

「はい、今日はなんでしょう」

　司書は、いつも通り、腰につけているナースポーチからペンとメモ帳を出しました。
「今日はね、いつもとはちょっと違うんだ」
「え、どのようなご用件ですか？」
「今度学会でモデレーターをすることになったんだけど、あんまり詳しくないところのセッションを任されちゃって。抄録を読みながら、基本知識を整理しておきたいんだよね」
「先生でも詳しくないことがあるんですか？」
「もちろん、あるよ。でね、できるだけ新しい情報が掴めるような文献にまずは目を通したいんだ。総説論文とかになるかな」
「それなら先生、まずは臨床支援ツールをご覧になってはいか

がでしょう」

　司書はナースポーチから自分のスマートフォンを取り出し、病院で契約している臨床支援ツールを開きました。

「先生、たとえばでいいので、今回のご担当に関するキーワードを入力して調べてみてください」

　G先生は、司書のスマートフォンを手に、検索を始めました。

「あーあるある。確かに、これなら基本情報と出典がさくっと手に入るね」
「はい。当院の契約しているものは更新頻度も高いですし、出典のリンクから文献の本文を入手できるものも多いです」
「これ、研修医には勧めているんだけど。そうか、そういう使い方もできるね」
「ぜひ活用してください。もし出典が入手できなかったり、古いと感じたら、ご連絡ください。こちらで新しい総説論文を探します」
「ありがとう。じゃあ、まずは自分でやってみるね」
「はい。なにかあれば、遠慮なくお声がけください」

＊　　　＊　　　＊

「あーいたた、司書さん」
「あ、G先生。どうしましたか」
「今日は私じゃなくって、こちら」

以前の依頼から程なくして、G先生が再び司書に声をかけてくれました。

　今日は隣に、今月着任したばかりのP先生がいます。

「P先生に、司書さんを紹介しておこうと思って。P先生、こちら司書さん。文献のことで困ったら、この人捕まえればなんとかなるから」

「G先生から聞いています。Pです。よろしくお願いします」

　司書は、一礼してから、腰につけているナースポーチからペンとメモ帳を出しました。

「こちらこそ、よろしくお願いいたします。G先生にはいつも、いろいろとご教示いただいています。お役に立てるかどうかはわかりませんが、精一杯対応いたしますので、気軽にお声がけください。早速ですが、当院で契約しているリソースの利用方法をご案内いたしますので、よければこちらに先生がよく使われているEmailアドレスをご記入いただけますか？　後ほど、こちらからご連絡差し上げます」

　司書は緊張していましたが、声はうわずってはいませんでした。

病院司書の自己研鑽

　この章では、ひとりの利用者と司書とのやりとりを、年月の
流れと共に綴ってみました。

　どんな仕事でもそうですが、最初はみんな新人です。
　専門職の場合、たとえ入職前に専門資格を取得するための勉
強をしていたとしても、実際の現場では通用しないことが多く
あります。個人的には、司書は現場で利用者に使ってもらうこ
とによって、ようやく司書という専門職になれるのではないか
とも思っています。

　もちろん、利用者に声をかけてもらう前にも、専門職になる
ための研鑽はできます。たとえば、16章や17章でとりあげた
ような、文献を読んだり勉強会に参加したりするという方法で
す。このほか、自分自身で利用者と司書の立場になり、ひとり
で経験を蓄積しながら勉強をするということも可能です。

　例として、私の現在の主な仕事のひとつでもある、医学文献
の検索技術をひとりで学んだ方法を紹介します。私がまだ医学
に特化した司書ではなかった頃、利用者のために医学文献の検
索をしたいと思っても、当然、依頼されることはありませんで
した。また、出版されている医学文献の検索についての教科書
類は、検索対象となるデータベースの操作を紹介するものがほ
とんどでした。私は、データベースの操作方法ではなく、医学

文献そのものの扱いと、その知識をベースにした文献の検索、自身の検索を評価できるような方法を学びたかったのです。また、医学文献の基本言語である英語が苦手でもあったので、ならば医学研究のあらましも、文献検索の流れも、英語も一緒に学んでしまおうと、下記のような作業を繰り返しました。医学文献検索の、ひとり千本ノックです。

1. 医学や医療に関する記事や SNS の投稿などで目についたものをとにかく集める。
2. 集めた記事をプリントアウトして「記事の対象（病名や症状など）」「方法（診断法や治療法など）」「結果（治療効果なの部分をマーカーで色付けしながら主題分析を行う。
3. 記事に引用された文献の提示があれば、それもマーカーで色付けしておく。
4. 2. に関する言葉を MeSH などのシソーラスで調べる。その際、主題に該当する言葉だけではなく、上位（より広い概念）や下位（より狭い概念）の主題に該当する用語や関連する用語、主題の側面となる用語（なにかの病気であれば治療や診断や合併症など）も書き出して整理する。
5. 3. の文献を PubMed や医中誌 Web などのシソーラスが使える文献データベースで調べ、目的と合致するような文献の書誌データにある抄録や索引語をチェックする。
6. 3.4.5 でまとめた情報を頼りに、該当する主題に関する文献を PubMed で探すための検索戦略を複数考える。
7. 6 の検索戦略で抽出した文献の書誌事項を確認し、どの検索戦略がより目的に合う文献を抽出できるかを検証する。
8. うまく抽出できない、他のやり方があるかもしれないと考

えたら、2からやり直す。

　上記と併せ、MeSH の索引マニュアル[1]や PubMed の操作マニュアル[2]を日本語で訳す事も行いました。翻訳された資料がすでに出ていたとしても、自分ですべて訳すことで理解をより深めると同時に、翻訳で省略された情報や翻訳によってニュアンスに違いがあることを知ることもできました。また、PubMed で EBM や医学研究に関する文献も検索して本文を入手し、そちらも訳しながら読んでいきました。

　今でもたまに同じようなことを行いますし、医学論文を読むための教材として CMEC の解説記事[3]や複数の医学雑誌のコンテンツサービスも利用しています。また、PubMed や MeSH に関する新しい情報は、『NLM technical bulletin』[4]を定期的に参照することでフォローしています。

1) National Library of Medicine. MEDLINE Indexing Online Training Course. https://www.nlm.nih.gov/bsd/indexing/training/USE_010.html.
2) National Library of Medicine ; National Center for Biotechnology Information. PubMed User Guide. https://pubmed.ncbi.nlm.nih.gov/help/.
3) CMEC. https://cmec.jp/.
4) NLM technical bulletin. https://www.nlm.nih.gov/pubs/techbull/.

26.
プロは違う

「司書さんの爪、ぴかぴかね。すてき」

　返却された本を棚に戻す司書に声をかけてくれたのは、研究発表の準備で図書館に通い詰めている、看護師のLさんです。

　司書は、突然の誉め言葉にうろたえながら答えました。

「あっ、ありがとうございます。司書って、利用者に手をお見せする機会が結構多いんですよ。文献をお渡ししたり、DBの画面や棚を指したり。だから、せめて爪だけでもきれいにしておこうかなって、ドラッグストアで見つけたケアキットでたまに磨いているんです」
「ああ、だから、つやつやしてるんだ」
「でもほら、手自体はぼろぼろなんですよ。薄い紙を触るからか指は小さな切り傷だらけだし、資料を触ってると水分を持っていかれるのか、かさかさしちゃって。かといって仕事中にハンドクリームを塗ると、本についちゃいそうで、できなくて」
「わかるわかる。ほら、私も仕事柄、指とか腕とかもう傷だらけ。爪も患者さんを傷つけないように、かなり短くしてるし。でもね、ほんとはネイルアートが大好きなの。休みの日は、自分でつくったネイルチップをつけてるのよ」
「すてきですね。ぜひ拝見したいです」

「下手の横好きなんだけどね。プロは違うわよ。だから、自分でつくるのも好きだけど、たまの贅沢でネイルサロンに行ったりもするの。ねえ、ネイルの写真、撮ったら見せに来てもいい？」
「もちろんです。楽しみにしています」
「ありがとう！じゃあ、仕事場に戻るね」

　次の休日。
　司書は、ネイルサロンの前にいました。

　どうしても「プロの仕事」を実際に見てみたくなり、思い切って、予約をしてみたのでした。

　予約時間の、5分前。

　司書は、ネイルサロンの扉に手をかけました。
　扉を開けた途端、よい香りが漂ってきました。

「こんにちは！ご予約の方ですか？」

　店の奥から出てきたのは、スクラブを着た女性。

「はい、〇時から予約したんですが」
「ありがとうございます。どうぞこちらへ」

　司書は、見たことのない道具や鮮やかな色の小さなボトルがたくさん並ぶ場所に通されました。

「本日の担当をいたします、Qです。まずは、こちらのカルテにご記入ください」

　Qさんは、司書が書き終えたカルテに目を通し、にっこりと微笑みました。

「ネイルサロン、はじめてなんですね。わからないことや不安なことがあれば、どんな些細なことでも構いませんから、遠慮なくおっしゃってください。では、まず、今日のゴールから決めていきましょう」
「ゴール？」
「はい、今日お帰りになるときに、どんな爪になっていたいのかを、まずは決めましょう。そのゴールによって、施術内容も少しずつ変わっていくんです。こちらが、爪の形やデザインをまとめたカタログです。こういうデザインがよいなど、決まっているのであれば、教えていただけますか」
「特には決まっていないのですが、あまり派手ではない、清潔感のあるデザインがよいです」
「でしたら、こちらの淡い色を使ったグラデーションと、この爪の形の組み合わせはいかがでしょう？　あまり塗っているという感じが出ないですし、指もすっとして見えますよ」
「いいですね。では、これでお願いします」
「承知いたしました」

　プロの仕事が、はじまりました。

「まずは、今回のデザインに合わせて、爪の長さと形を整えて

166

いきます」

「爪切りではなく、ヤスリで整えるんですね」

「よくご家庭で使われている、パチンパチンって切る爪切りって、爪が割れる原因になったりもするんです。本日はこのヤスリをお持ち帰りいただきますから、ぜひお家でも使ってみてくださいね」

「はい、ではやり方をよく見ておきますね」

　司書は、Ｑさんのヤスリさばきをじっと見つめます。

（いろんな方向に動かすんだなあ……）

　次は、ハンドマッサージと温浴です。

（暖かくて気持ちいい……眠い……）

　うとうとしていた司書の耳に、アラームの音が飛び込みます。Ｑさんは、司書の濡れた手を柔らかいタオルでぽんぽんと優しく拭いてくれました。

「では、甘皮の処理をしていきますね」

「甘皮って、この爪の周りにある、膜みたいなのですか」

「はい、そうです。マッサージと温浴で柔らかくなった甘皮を、取ったり、整えたりしていきます」

「甘皮をとると、ネイルがきれいに塗れるのでしょうか」

「おっしゃるとおり、きれいに塗れるという効果もありますし、持ちもよくなります。甘皮にたまっていた汚れもとれますよ」

「そうなんですね。ということは、自分でもまめに手入れした方がよいのでしょうか」

「実は、やりすぎもよくなかったりするんです。無理に甘皮を剥がすと爪の周りが傷ついて、炎症を起こす場合もありますから」

「じゃあ、気になったらプロに任せた方がよいのかもしれないですね」

「そうですね。爪を整えるというところまでは、私たちで対応できます。うちにも、ハンドケアだけのコースがありますよ。でも、すでに炎症が起こっていたり、巻き爪などの症状があったりする場合は、ちゃんと病院へ行っていただきたいです。爪を美しく飾る前に、爪を健やかに保つことの方が、長い目で見たら大切なことですから」

　最後に、あらかじめ決めていたデザインでマニキュアを塗り、乾かして、完成。

（素敵！自分の爪じゃないみたい）

「はじめてのネイルサロンは、いかがでしたか」

「こんなにきれいになって、ケアの方法まで教えていただいて。さすがプロは違う、って思いました」

「うれしいお言葉、ありがとうございます。よければ、またいらしてくださいね」

「はい、また来ます。ありがとうございました」

　帰り道。

司書は、ネイルサロンでもらったヤスリを見ながら、「プロの仕事」について、ぼんやりと考えていました。

　（ひとつひとつの仕事に意味があって、その仕事と仕事の間にもつながりがあって、自信があって、領分もあって。それがプロの仕事だってことなのかな……私、司書として、プロの仕事ができているのかな……あ、そうだ、きれいなうちに、忘れないうちに）

　司書は歩道の脇で、スマートフォンのカメラを起動しました。

27.
知りたいことと知らなければいけないこと

司書は、勤務先とは異なる病院に来ています。
研修のためですが、それだけではありません。

その病院に、古くからの友人が入院したのです。
研修が終わったら、その友人に会いに行きます。
先ほど「待ってる！」というメッセージがありました。

（Ｃさんと会うの、久しぶりだなあ）

司書は普段、見舞いにはあまり行きません。感染など、衛生
面のリスクを考えてのことですが、別の理由もあります。

病室でなにを話したらよいのか、わからないのです。

司書は、口下手なのを自覚しています。そして、自分がよか
れと思ってした発言が、自分の意図とは別に汲み取られ、相手
を不安にしたり傷つけたりしてしまったという経験も持って
います。同じことを、もし、病室にいる人にしてしまったらど
うしようと考えると、見舞いに行くことを躊躇してしまうので
す。

研修が終わりました。
司書は会場を出て、病棟に向かいました。

病棟に入る前に、まずは手指消毒。
病棟の玄関を入ってすぐの面会受付用窓口へ。
面会申請の手続きを済ませ、Ｃさんのいる階へ。
Ｃさんから予め聞いておいた番号の病室を探します。

（あ、あった。ここだ）

　司書は病室のドアをノックしました。
　中から「どうぞー」という声が聞こえてきました。

　そっとドアを開くと、Ｃさんの笑顔が見えました。
　Ｃさんは、以前会ったときより、華奢に見えました。

「来たよ、Ｃさん」
「ひさしぶりだね！ 元気？」
「うん、ぼちぼち。Ｃさんは……」
「元気じゃないからここにいるんだよ」
「あ……そうか！ ごめん」
「もー謝るところじゃない、ここは笑うところ！」
「あ……そうか！ ごめん……じゃないか……」
「だーかーらー！ そうそう、そんなことよりさ……」

　Ｃさんの話が、どんどん続きます。
　思い出話や、共通の知人のことなど。

司書は、頷きながらＣさんの話に耳を傾けます。
　Ｃさんが突然黙り、ベッドの脇にあるキャビネットの引き出しから、一枚の紙を出しました。

「これ、見て」

　それは、つい最近の、検査結果を記した紙でした。
　司書が目を向けると、Ｃさんはある箇所を指で差しました。

「ここの数値、すごく悪かったんだ」
「うん」
「それがね、この間外出許可をもらって少しだけライブハウスに行ったんだよ。ほんと、楽しかった。で、その後検査したら数値が良くなってて。すごくない？　薬よりも効くんだよ、ライブって」
「すごいね。毎日行きたいぐらいだね」
「うん、また許可をもらって行くつもり。でもさ」

　Ｃさんは引き出しから、もう二枚、紙を出しました。

「これ、今処方してもらってる薬。最近、前とは違う薬も追加されたのがなんか気になっちゃって」
「本当だね。担当の医師には、相談した？」
「もちろん、なんのための薬かはちゃんと説明してもらってるよ。でもなんていうか、なんともいえず、気になっちゃってさ。さっき薬剤部まで行ってきたんだ」
「え、自分の足で薬剤部まで行ったの？」

「えへへ。無理しちゃだめですよ、今度からは説明しに行きますよって言われちゃった。でもね、聞きに行ってよかった。薬剤師さんならではのお話、ちゃんと聞けたから」

「それはよかった」

「病院って、いろんな専門の人がいるんだよね。そういうのを知らなかった頃は、全部お医者さんに聞けばわかるんだって思ってたんだけど。看護師さんとか、薬剤師さんとか、理学療法士さんとか、みんなその専門ならではの知識と経験から私のことを考えてくださって、いろいろ教えてくれるんだよ。すごいよね、専門職って」

「本当だね。Ｃさんの学ぶ意欲もすごいけどね」

「ありがとう。ま、自分のことだしね」

　　Ｃさんは三枚の紙を片づけ、話を続けました。

「自分が患者になって気づいたことなんだけどね、患者の知りたいことと、患者が本当に知らなきゃいけないことには、違いがあるんだよ。私、せっかく患者になったんだから、その両方を理解しようって決めたんだ」

「知りたいことと、知らなきゃいけないこと？」

「うん。知らなきゃいけないことをすっ飛ばして知りたいことに行き着こうとすると、誤解したり、知ったつもりになっちゃったりすることがあるんだよね。だから、知りたいことをよく知っている専門家の人も頼りにしながら、ちゃんと知るための行動をしようって」

「すごいね。私も見習わなきゃ」

「あ、ところで」

「なに？」

「今、病院で司書やってるって言ってたよね」

「うん」

「すごいね、行ってみたいなあ」

「ここは大学病院だから、きっとこの隣にある大学の図書館が普段私のいる病院図書館を兼ねていると思うよ。あと、この病院の地下に、患者さんが調べ物をするための図書館があるよ」

「えー知らなかった！ それは行ってみないと。ねえ」

「なあに？」

「図書館に行くとき、一緒についてきてくれる？」

「もちろん！ 今から行く？」

「それはちょっと難しい。これからまた検査なの」

「じゃあ、また都合のいい時にメッセしてね」

「うん！ 今日は、話を聞いてくれてありがとう」

「こちらこそ。長居しちゃった。疲れてない？」

「大丈夫。あ、今度来るときはさ」

「うん」

「司書の仕事について、教えてよ」

「もちろん！」

　司書は、Cさんに手を振り、病室を出ました。

　（知りたいことと知らなければいけないこと、か……司書は「知ることをサポートする専門職」でもあるはずだけど、私はちゃんとサポートできているのかなあ……）

174

数週間後。

共通の知人から、久しぶりにメッセージが届きました。

司書は、Cさんの旅立ちを知りました。

「正しい情報」とは

「知りたいことと知らなければいけないこと」は、私の実際の友人の言葉です。そして、その友人も、長い闘病生活の末、他界しました。

私は医学情報を扱う司書になろうと動き出したばかりの頃、医学や医療、健康に関する知識を司書として学び積み重ねることによって、司書の仕事としてだけではなく、親しい人に「正しい情報」を提供することができるのではないかと考えていたのですが、今はちょっと違う考え方を持っています。また、そう考えてしまった当時の私は、なんてひとりよがりで浅はかだったのだろうと、反省しています。そもそも「正しい」って、どういうことなのでしょうか。

この友人からいただいた「知りたいことと知らなければいけないこと」という言葉。

私は、「知りたいこと」だけで物事を判断していないだろうか。司書として利用者と向き合う時、その利用者の「知りたいこと」のみに目を向け、根っこにあるかもしれない「知らなければいけないこと」をおざなりにしてはいないだろうか。

私自身が「知らなければいけないこと」を知ろうとしているだろうか。

司書として「知らなければいけないこと」に気づけているだろうか。

　なにより、その「知りたいこと」や「知らなければいけないこと」は、誰かに伝えなければいけないことなのだろうか。押しつけることになってはいないだろうか。

　友人のことを思い出すたび、この言葉が頭の中をぐるぐると駆け巡ります。そして、13章の「元病院司書のひとりごと」とも併せて、みなさんとも考えていけたらと思っています。

28.
自信を持つということは

「えっ、私が出席してもいいんですか？」

　司書は、いつもよりも高く弾む声で答えました。
　司書に声をかけたＮ先生も、うれしそうです。

「もちろん。もう一度事務局長に言っておくね」
「はい、もう緊張していますが、楽しみです」

　司書が出張扱いで出席することになったのは、ある診療ガイドラインの作成会議です。内科のＮ先生がその診療ガイドラインの作成委員としてシステマティックレビューの一部を担当することになり、司書に自分の担当する箇所の検索を依頼してくれたのです。司書の検索が完了し、検索式と文献リストを提出したのが数か月前のこと。その後、作成委員全員でシステマティックレビューの結果についてディスカッションをすることになり、司書も参加することになったのです。

　司書はこれまで、図書館の仕事として文献検索を何度も経験してきました。けれど、診療ガイドラインを作成するために文献検索を行うのは、このＮ先生からの依頼がはじめてでした。

いつかは機会があるかもと、準備はしてきました。

　けれど、実際に行うとなると、体がこわばりました。

　Ｎ先生は、緊張する司書に対し、「依頼者の目的に応じた文献検索をするのだから、司書さんがいつも行っている文献検索となんら変わりはないんです。ただし、いつもみたいに"依頼内容に一番合う文献を探す"というよりも、"テーマに関する文献をできるだけ漏れなく収集すること"を一番大切にしてください。そして、どんな検索をしたかをはっきりと説明できるようにしておいてください。検索するテーマの背景など、わからないことがあったら、どんな些細な事でもいいから聞いてください。遠慮は無用ですよ」と、励ましの言葉をくれました。

　司書は何度もＮ先生と話し合い、さまざまな検索方法を試しながら、任務を遂行することができました。

　そして、Ｎ先生は、司書が文献リストの提出の際に添えた「自分の行った検索がどのような形で診療ガイドラインに反映されるのか、とても興味があります」というコメントに対し、「では実際にその様子を見に来てください」と、すぐに病院と作成委員会へ会議へ参加するための手続きをしてくださったのでした。

　会議当日。

　会場に作成委員がどんどん集まっています。

（たくさんの人たちが診療ガイドラインの作成に関わっているんだな……）

　司書は最後列で、ノートパソコンを開きながら傍聴します。

　システマティックレビューに関する議題に入りました。
ある委員から「〇番の検索式について、質問があります」と手が挙がりました。

　「〇〇がトピックなのに、なぜ〇〇を考える上で重要となる□□を示す索引語が検索式に含まれていないのか」という内容でした。

　会場が、ざわつきはじめました。

　（この索引語の構成は……で、今回の式がこれ……）

　司書は、急いで MeSH の確認を始めました。
　N 先生が、司書の動きに気がつきました。
　N 先生は、最前列から司書に声をかけました。

「司書さん、担当外のものだと思いますが、わかりますか」
「はい、おそらくですが」
「では、あなたの意見でいいので聞かせてください」
「わかりました」

　最後列に、作成委員の視線が集まります。

司書は胸を押さえながら、話し始めました。

「ただいま調査をしたところ、□□は、この検索式の三番目にある△△という索引語の下位として登録されていました。この検索を実行したデータベースでは、上位の概念に該当する索引語を使えば、下位にあたる索引語が付与された文献もヒットする仕組みになっています。ですから、索引語として□□が検索式には表れていないのだと思います。念のため、今、□□の索引語を追加して検索を再実行してみましたが、今回の検索式と同じ件数がヒットしますし、それぞれの結果の差分もありませんでした。このことから、私は、本件の疑義に関する検索上の問題は無いのではないかと考えます」

　N先生は頷いてから、質問者に顔を向けました。

「先生、いかがでしょう」
「なるほど。それなら、大丈夫ですね」

　約2時間にわたる会議が終了しました。

　司書は、N先生と一緒に会場を後にしました。

「司書さん、さっきはありがとう」
「こちらこそ、貴重な機会をありがとうございます」
「会議中、ずっと検索式をなぞっていたの？」
「はい。他の人がした検索が興味深くて、つい」
「つい、なんだね。さすがというか、なんというか」

Ｎ先生と司書は、会場に一番近い駅に到着しました。

「司書さん、私の家はあっちになるけど」
「逆方向ですね。では、失礼いたします」
「うん、明日からもよろしく。それから」
「はい」
「もっと、自信を持ってくださいね」

「え」

　戸惑う司書に、Ｎ先生は話し続けました。

「司書さんは、私達医師にはない専門性を持っています。だから、もっと自信を持って、臨床のさまざまな場面にどんどん入り込んでほしいと私は思っているんです」

　「ありがとうございます。でも私、本当に力不足で」

「今回の依頼も、会議への参加も、司書さんだから、あなただから、私は声をかけたんです。"自信を持つ"ということは、"あなたに依頼をする人を信頼する"ということでもあるんですよ。どうぞ、胸を張って、明日からも司書として動いてくださいね」

「は、はい……」

N先生は司書に手を振り、背を向けて歩き出しました。

司書は、N先生の背中に向けて、深く頭を下げました。
そして、少し足を弾ませて、逆方向へ歩き出しました。

システマティックレビューと司書

　日本の診療ガイドラインの多くは、医療現場で向き合う医療職が作成チームの中心となり、関連学会の旗振りのもと、患者会や他の専門職とも協力して作成されています。

　「他の専門職」に含まれるのが、司書です。診療ガイドラインをつくるには、関係する文献を偏りなく収集する必要があります。そこで、さまざまな目的に合わせた文献検索を行うことのできる力を持つ司書が、診療ガイドラインの作成チームに加わるのです。

　私が診療ガイドラインの文献検索をはじめて担当したのは、2008年のことです。日本医学図書館協会の『診療ガイドライン作成支援サービス（文献検索）受託事業』のメンバーとして『パーキンソン病診療ガイドライン』改訂のための文献検索を担当しました[1]。今でも年に一度は必ず診療ガイドラインの検索を担当するようにしていますし、協会のメンバーとしてだけではなく、個人で依頼に対応したりもしています。

　診療ガイドラインの文献検索では、クリニカルクエスチョン（Clinical Question, CQ）と呼ばれる診療の場で発生する具体的な課題を複数設定し、それぞれのCQに関する文献を網羅的に収集します。診療ガイドラインの作成委員会は、たくさんの文献を厳しく吟味した上で解決の糸口となる文献を選び、科学

的に検討し、その時点でできる最善の回答（推奨）を CQ ごとにまとめていきます。この一連のプロセスの中の、検討に至るまでの方法のことを「システマティックレビュー」と呼びます（推奨の作成は、診療ガイドラインだからこその結論となるものです）。システマティックレビューは、診療ガイドラインだけではなく、個別の研究としても行われます。

　システマティックレビューでは、どのプロセスにおいても客観性（個別の意向などにひきずられるなどの偏りがないこと）と透明性（どのように行ったのかを明らかにすること）が求められます。特に、検討の元となる文献の収集方法に主観が含まれていたり不透明な点があったりすると、そのシステマティックレビュー自体の信頼性に疑いが生まれてしまいます。担当する司書は、普段から文献検索に関する知識を更新させながら、検索の経験を積み、実際に検索作業に入る前にはシステマティックレビューの対象領域そのものについても学ぶなど、客観性と透明性を担保できるよう、研鑽を重ねています。

　『東邦大学・医中誌 診療ガイドライン情報データベース』を調べてみると、2000 年では 12 件だった日本の診療ガイドラインの数が、2010 年では 776 件になっています。必ずしも年々増加しているわけではありませんが、作成される診療ガイドラインの領域はどんどん広がっていますし、すでに作成されている診療ガイドラインも定期的に改訂を行うことが必要です。このためか、作成現場では文献検索の担当者が見つからない・足りないという話を聞くことがあります。前述した日本医学図書館協会の事業でも、依頼が多すぎて担当する委員が足りなくな

るのか、受付を一時的に休止することがあります。

　個人的には、システマティックレビューを実施する医師の所属機関にいる司書が一緒にチームに入り、文献検索を担当することができる仕組みができるとよいのにと思っています。特に、医療現場をよく知り医療職との距離も近い病院司書が検索担当になれば、作成者とのコミュニケーションを取りながら効率よく文献を検索することができるのではないでしょうか。もちろん、この案を実現させるには、関連・所属する機関の理解、そしてなにより、司書自身のやる気と訓練が必要となるでしょう。勝手な意見ではありますが、決して非現実的な話ではないと思いますし、病院司書にとっても、自身の専門性や病院図書館の認知度を高める機会になるのではないかと考えています。

1）小嶋智美.『パーキンソン病診療ガイドライン』改訂のための文献検索を担当して：JMLA診療ガイドラインワーキンググループ担当委員活動報告.医学図書館.2009, vol.56, no.4. p.308-312.

29.
なにを見ていたのか

「私が例の本を見つけたのは、あそこの図書館よ」

　司書にそう教えてくれたのは、Rさんです。

「そうなんですね。今日は、ありがとうございました」
「いえいえ、またいろいろとお話しましょうね」
「はい、ぜひお願いします」

　司書は、図書館のある通りで、Rさんと別れました。

＊　　　＊　　　＊

　Rさんは、ある病の患者会の代表をしています。
　最初の代表は、Rさんの伴侶、Tさんです。
　Tさんは、その病になってから、患者会をつくりました。
　その病についての情報収集が、大変だったからです。

　Tさんが代表のときに形になったもののひとつに、「患者さん向けの冊子」があります。患者さんや患者さんのご家族が知っておいたほうがよい情報をまとめたその冊子は、患者会に申し込めば入手することができ、いくつかの公共図書館では蔵書として登録されています。

病を告知されたとき、Tさんはほっとしたそうです。

たくさんの病院で検査を受けても、はっきりしない。
ようやく判明した病名は、自分で調べたものと同じ。
これで治療が始められる、そう思ったのだそうです。

一方、Rさんは、自分を責めました。

ずっと元気だったし、健康に気を配っていたのに。
周囲の気遣いや忠告に、感謝しつつも、戸惑いました。
思いがけない他の家族の不幸も、重なりました。

これは、私のせいに違いない。

それでも、なにかできることは、ないか。
どんなことでもいい、あの人が元気になるのなら。

Rさんは、必死に治療法を探しました。
ネットで、新聞で、書店で、図書館で。

そして、ある治療に関する情報にたどり着きました。

ある野菜を摂ることで、その病が消えたというのです。
その治療についての本は、近くの図書館にもありました。

"図書館にも置いてあるくらいの治療法なのだから"

Rさんは毎日、その野菜でジュースをつくり続けました。
　どんどん食の細くなるTさんに、飲ませ続けました。

　どこかで「こんなことをしても」と感じながらも、奇跡を信
じ、取り憑かれたように、毎日。

　Tさんが「もういいかげんにしないか」とつぶやくまで。
「一緒に科学的な情報に向き合おう」と、止めるまで。

　Rさんはこの経験を、多くのメディアで紹介しています。

＊　　　＊　　　＊

　司書は、自分の参加している勉強会に、Rさんがいることを
知りました。勉強会では、定期的に医療職や患者、メディア関
係者、研究者などが集まり、よりよい医療情報の発信について、
みんなで考えています。

　司書は、初対面のRさんに「二人で話をしてみたいです」
と伝えました。

　Rさんは、司書のために時間をつくってくれました。

　ランチをいただきながら、たくさん話をしました。
　図書館でその本を見つけた時の話も、です。

Ｒさんを見送り、司書は図書館に入りました。
　まっすぐ、Ｒさんが目にした棚に向かいました。

　その棚は、他の図書館と変わらないものでした。
　むしろ、よく配慮された棚ともいえるものでした。

　でも、今日の司書の目の中には、Ｒさんがいます。

　（本当だ……Ｒさんの話をお聴きしたからこそ、気づくことができた。もし、この棚を、自分が、自分の大切な人が、重い病になったときに、偶然、見たとしたら……私はいったい、これまで図書館のなにを見てきたんだろう……）

　司書は、図書館の外に出てスマートフォンを開き、Ｒさんに「おっしゃるとおりの棚でした」「自分にできることはないか、考えます」と、ふたつのメッセージを送りました。

　ほどなくして、Ｒさんから返信がありました。

「図書館に行っていただき、ありがとうございます」

　Ｒさんが代表になってから形になったもののひとつに、「情報の見極め方」を案内した冊子の作成があります。病になって情報収集を行う、その前に知っておいてほしいことを、Yes/No チャートでまとめたものです。

チャートは、「情報を探すときは」から始まります。

選択肢は、ふたつ。

・ネットで探す
・図書館へ行く

司書としてできること

　この章のRさんのモデルは、轟 浩美さんです。轟さんは現在も、スキルス胃がんの患者会『希望の会』[1]の代表として、患者さんや患者さんの家族に向き合いながら、広い視野で社会に向けた活動を行っています。

　患者会の活動内容は各団体によってさまざまです。特定の病気や会員に限定しない集まりや、オンラインのイベントも多く開催されています。『PPeCC』[2]のように、地域や企業と協働しながら、患者会の運営を支援する団体もあります。希望の会やPPeCCをはじめとする、患者会に関するウェブサイトをご覧いただき、じぶんごととして「病気や障害、何らかの困りごとを持つ人たちが、この社会で生きるということ、生きたということ」について考えていただけたら、うれしいです。

　轟さんと私は、『メディカルジャーナリズム勉強会』[3]という、医療や健康に関する情報についてのよりよい発信の手立てについて学びあう集まりで出会いました。主なメンバーは医療職やメディア関係者ですが、それ以外の発信を行う・発信を考える立場の方も多く参加しています。図書館も、図書や雑誌などの情報がまとめられたパッケージを利用者に貸し出し、レファレンスサービスなど特定の情報に関する調査を行う、発信者です。その中には、医療や健康に関するものも含まれます。発信者で

ある司書が、司書として、人として、医療や健康に関する情報とどう向き合うのかは、私の継続的な課題です。

　轟さんとはじめて二人で話をした後、私はこの章の司書のように、轟さんが出会った本を所蔵する図書館へ行きました。そこで私は本当に「なにを見ていたのか」と、愕然となったことを、今でもよく覚えています。

　決して、その図書館の棚がひどいというわけではないのです。けれど、図書館のその本を手に取り、つらい思いをした人がいるのは事実です。
　ならば、その本を図書館から無くせばいい、あるいは、利用者の目に見えないところに置けばよい……はたして、それで解決する話なのでしょうか。

　司書がその本を選ぶ前に、その棚をつくる前に、できることはないのでしょうか。
　いえ、司書である前に、人として、できることは。

　次の30章から32章まで、こちらも図書館の棚に関する内容が続きます。すべて、実在する図書館の話ではありません。また、書かれている内容のような図書館が私の理想というわけでもありません。

　図書館の資料やその資料を手にする利用者へ思いを馳せ、精一杯仕事を遂行する図書館や司書は、たくさんいます。ただ、真摯に向き合う司書であっても、見えていないことや足りてい

ないことは多くあります。もし、そのようなことに気づいてく
ださったとしたら、ぜひ、その図書館の職員、あるいは私まで、
遠慮なくお知らせいただければと思います。

1) 認定非営利活動法人 希望の会 . https://npokibounokai.org/.
2) 一般社団法人ピーペック . https://ppecc.jp/.
3) 一般社団法人 メディカルジャーナリズム勉強会 .
   https://medicaljournalism.jp/.

30.
棚に願いを：だからこそ

　最近、司書は休日を図書館見学に充てています。
　見学といっても、利用者として訪れているだけです。
　旅行の時も、近くに図書館があれば、寄っていきます。

　今日も司書は、ある街の図書館を巡っています。

　公共図書館だけではなく、大学図書館も許可が得られれば
訪問します。大きめの病院は、見つけたらとりあえず入って、
フロアガイドなどを頼りに患者図書館を探します。

　今、司書がいるのは、ある大学病院の患者図書館です。

　歩道に面した病院の窓越しに書架らしきものが見えたので
中に入ると、「どなたでもどうぞ」というメッセージボードと
ともに、図書館を見つけました。

　（どなたでも、だから、私も大丈夫）

　司書は、会釈をしながら、中に入りました。

「こんにちは」
「こんにちは」

カウンターの職員が、笑顔で迎えてくれました。

（うわあ、きれい。分類は……NLMC だ。検索用端末は、カウンターの近くに３台。書架は低くて、案内板の文字も大きい。これだけ余裕を持って什器を設置してあると、車椅子の方も利用しやすいだろうな）

図書館の中をひとしきり見学し、そろそろ出ようと出入口へ顔を向けると、「この図書館について」と書かれた大きなパネルに気づきました。

司書はパネルに近づき、文章を読み始めました。

＊　　　＊　　　＊

この図書館は、あなたやあなたの大切な人の心や体について調べるための場所です。図書や雑誌だけではなく、館内にある端末でインターネットを使って調べることもできます。何から調べてよいのか迷うときは、もちろん迷っていない時でも、お気軽にカウンターの職員へお声がけください。

＊　　　＊　　　＊

パネルの文章は、続きます。

＊　　　＊　　　＊

たとえば、こんな資料を用意しています。

・医療用語や検査結果の見方などについて調べるための本
・診療ガイドライン
・病気や薬に関する解説書やパンフレット
・介護や医療保障制度に関する本

　専門書や、専門誌などに掲載された文献も、別棟の大学図書館で利用できる場合があります。当館および大学図書館に所蔵していない文献の入手やコピーについては、別途手続きが必要になりますので、職員におたずねください。

　この図書館では、「調べるための資料」を中心に収集しています。娯楽を目的とした小説・マンガ・雑誌などは、外来の待合室にあります。個人の経験による闘病記や健康法は、この図書館では収集していません。

　個別の医療相談については、この図書館の隣にある「患者支援センター」をご利用ください。

＊　　　＊　　　＊

　（利用者へのメッセージとして書かれているけれど、これ、選書基準だよね。たまに見かける、「医療相談には応じられません」「資料の利用によって生じた不利益に対する責任は負えません」みたいな「できない」の説明じゃないのがいいな。あ、大学図書館も利用できるのか……よし）

司書は、カウンターの職員に声をかけました。

「すみません、ある医学書を探しているのですが」

（31 章に続く）

31.
棚に願いを：足で確かめる

　今、司書がいるのは、ある大学病院の患者図書館。
　司書が声をかけたのは、「図書館　U」と書かれた名札を下げている方です。

「はい、タイトルなど、おわかりでしょうか」

　司書はカバンからごそごそと本を出しました。

「こちらの初版を見てみたいんです」
「初版ですか。ちょっとお待ちくださいね」

　Uさんは、カウンターのパソコンを図書館の蔵書検索に切り替え、司書の持ってきた本に記載されたISBNを画面に入力しました。

「初版、うちの大学図書館にありましたよ」
「助かります。今から利用できますか」
「はい、ちょっとお待ちくださいね」

　Uさんは、内線電話で大学図書館へ連絡を取ったあと、カウンターにあったパンフレットを司書に差し出しました。

「よろしければ、どうぞ。患者図書館のパンフレットなんですけど、大学図書館までの地図も載っています。大学の担当者には伝えましたので、あちらのカウンターにも声をかけてくださいね」
「ありがとうございます。助かりました」
「いえいえ、また、いつでもどうぞ」

　司書はパンフレットを受け取り、地図を頼りに大学図書館に向かいました。

＊　　　＊　　　＊

　地図に沿って道をたどると、大学図書館に着きました。

（図書館はこのビルの中か……きれいだなあ）

　司書は、エレベーターに乗りました。
　エレベーターの扉が開くと、入館ゲートがありました。

　司書は、入館ゲートの近くにいる人の顔を見て、「あ」と声を出しました。その人も、司書を見て「あ」と声を出し、笑顔でゲートを開けてくれました。

「この間の勉強会でお会いしましたよね。患者図書館からいらっしゃる利用者って、あなただったんですか」
「はい……あの、この間はお世話になりました。今日もお世話になります」

「あはは、お世話だなんて。ではまず、入館の手続きをしてくださいね。あちらの記帳台に『学外者利用申込書』という用紙がありますので、必要事項を記入してカウンターに提出してください」
「ありがとうございます。わかりました」

　最初に対応してくれたのは、以前勉強会に行った際、司書の質問に答えてくれた、Ｓさんでした。

　（そうか、ここ、Ｓさんの勤務先だ……はじめての図書館でちょっと緊張してたけど、Ｓさんのおかげで気持ちがちょっと軽くなったな）

　司書は、記帳台に行き、申込書に来館日、氏名や所属、利用する資料のタイトルなど、必要事項を書き込みました。

　カウンターでは、Ｓさんが待っていてくれました。
　司書は、Ｓさんに、利用申込書を手渡しました。

「はい、確認できました。お手数をおかけいたしました。こちら、希望される資料の請求記号と当館の館内地図です。資料は旧版を配架している、奥のエリアにあります。資料をコピーしたいときは、資料を持ってこのカウンターまで来てくださいね」
「承知しました。ありがとうございます」

　司書は、図書館の奥に進み、「旧版コーナー」と貼り紙のあるエリアで目当ての資料を見つけました。

（旧版だもんな……やっぱり奥にいっちゃうよね）

　司書は、旧版コーナーの近くにあった、閲覧席に座りました。そして、カバンから持参した自分の新版を出し、同じ内容が書かれている章を読み比べました。そして、さらにカバンから別の文献のコピーを出して、引用された箇所を確認しました。

　（うん、やっぱりこの部分は、初版にしかない記述だったんだ。比べてみると、初版と私の持っている次の版は伝え方が違う。この文献がなぜ２版が出版されているのに初版を引用していたのかが、ようやくわかった気がする……でも、なんでこの記述、無くなったんだろう……）

「調査、できましたか？」

　何度も頷く司書の背後で、Ｓさんの声がしました。

「はい。確認できました」
「それはよかった。ところで」
「はい、なんでしょう」
「よければお昼、一緒にどうですか？」
「え、いいんですか？」
「私、今から昼休憩なんです。ぜひ」
「ありがとうございます」
「では、学食に行きましょう」

司書は一旦資料を書架に戻し、Ｓさんと一緒に図書館の出入口に向かいました。Ｓさんの後ろについて旧版コーナーまでの道のりを逆に進むと、出入口の近くに、あるコーナーがあることに気づきました。

（来たときには気づかなかったけど……なぜ……？）

　眼の前のＳさんは、図書館を出ようとしています。

　司書は一瞬ためらいましたが、意を決して、食堂に向かうＳさんの背中に向かって、声を出しました。

「あ、あの」

（32章に続く）

32.
棚に願いを：あなたに届け

　今、司書がいるのは、付属の病院を持つ、ある大学図書館。
その前に、病院にある患者図書館も訪れました。

　司書と一緒にいるのは、その大学図書館で働くSさんです。

　Sさんが昼食に誘ってくれたので、一旦図書館を出ることに
なりました。二人で図書館の出入口に向かうとき、司書ははじ
めてそのコーナーに気づき、Sさんに声をかけました。

　図書館の出入口のすぐ脇に、低い書架が数列。
　書架の上には『闘病記』という、大きなサイン。

「はい、どうしました？」

　Sさんは首を傾けながら、司書の方を向きました。

「Sさん、あそこのコーナーって……」
「ああ、闘病記のコーナーですね」
「はい、そうなんですが、ええと、あの……」

　司書は大きく息を吸ってから、再びSさんに尋ねました。

「さっきまでお邪魔していた患者図書館には、"個人の経験による闘病記や健康法は、この図書館では収集していません"ってありました。同じ大学にある図書館なのに、資料の扱い方に違いがあるんだなって」
「ああ、それで」

　Sさんは、微笑みながら、軽く頷きました。

「では学食に向かいながら、説明しますね」

　Sさんは、図書館を出て、歩きはじめました。
　司書も、Sさんについて、歩きはじめました。

「先に見ていただいた患者図書館は、病院の建て替えのときに開館しました。もう10年以上前のことです。実は、患者図書館ができるまでは、大学図書館に闘病記はなかったんです」
「そうなんですね」
「はい。患者図書館の設置が決まり、"大学の敷地内にふたつの図書館ができるわけだから、これまでの大学図書館のサービス内容やコレクションもあらためて見直そう、各館の連携のあり方も一緒に考えよう"ということになりました」
「はい」
「患者図書館には、病院にやってくる患者さんや、患者さんのご家族が多く訪れます。ただでさえ不安を抱えている人たちに、個人の体験のみに基づく情報を図書館が提供するのはどうなのかって」
「そうですよね。役に立つ情報も含まれているかもしれないけ

れど、それは一個人の経験によるものですし。重い病気を扱ったものだと、主人公が亡くなっていることもありますから、ショックを受ける方がいらっしゃるかもしれません」
「ええ、そのとおりです。一方、こちらの大学図書館には、医学部や看護学部の学生、つまり、これから医療の現場で専門職として働く人が多く訪れます」
「はい」

　Ｓさんと司書は食堂に入り、券売機の列に並びました。

「ここの日替わり定食、おいしいんですよ」
「いいですね。日替わりにします」
「ご飯の量、普通盛りでも結構ありますよ」
「そうなんですね、少なめでお願いしますね」

　Ｓさんと司書は定食を手に、テーブルに座りました。

「いただきます」
「いただきます」

　司書は、いつもより箸を持つ手と口を早く動かします。
　Ｓさんは、ふだんから食べるのが早いようです。

「闘病記って、どんな事が書かれていると思いますか」
「え……闘病記の名のとおり、病気と闘った記録では……」

　Ｓさんはコップの水を一口飲み、再び話し始めました。

「病気になると、検査や治療などで時間やお金を消費するし、どうしても病気と向き合うことが生活の大半を占めたりしますよね」

「そうですね。本当に大変だと思います」

「でも、その人がその人であることに変わりはないですよね」

「その人が、その人であること……」

「はい、病気がその人のすべてではないということです。これから医療の現場で働く学生たちには、闘病記を通して“人”を感じてもらいたい、そういう願いを込めて、あの闘病記コーナーを設置しました。闘病記を読めばすべてを理解できるというものでもないのですが、“患者”ではなく“その人”を見つめる医療職となってほしい、そんな願いを込めて、あの棚をつくっています」

「患者ではなく、その人……」

「はい。もちろん、この姿勢は患者図書館も同じです。だからこそ、棚のつくり方が変わってくるんです」

「ありがとうございます。よくわかりました」

　Ｓさんと司書は食事を終え、図書館に戻りました。
　Ｓさんは自分のデスクへ、司書は調べ物の続きへ。

　調べ物を終えた司書は、闘病記コーナーの棚をじっくりと見た後、カウンターにいたＳさんに会釈をして退出しました。

　（どの図書館も、願いを込めて、棚をつくっている……うん、私も、あらためて棚のつくり方を考えてみよう。いや、その前に私が図書館の棚を通して届けたいことを、あらためて考えて

みることにしよう……あ、それよりもまず、帰りの経路を確認しなくちゃ……駅はどこだろう……）

　明日は、出勤日。
　司書の、いつもの一日が、始まります。

33.
見えない司書が見えるとき

　その図書館の多くは、特定の人しか入ることはできません。
　その図書館を利用する人の多くは、医務用の制服を着ています。

「病院図書館（hospital library、病院図書室）」です。

　病院図書館は、職員以外が入ることのできない場所にある、いわば、隠された図書館（hidden library）です。その、隠された図書館で働く病院司書は、いわば、隠された図書館にいる、見えない司書（invisible librarian）です。

　今日も司書は、隠された図書館で、静かに職務を遂行しています。

　キーボードを打つ音。
　図書のページをめくる音。
　印刷した論文に書き込みをする音。

　図書館のあちこちで、静かな音が聞こえてきます。

　そこへ突然、大きな音が鳴り響きました。
　スタットコードでは、ありません。

図書館に設置された、内線電話です。
　司書は慌てて、電話を取りました。

「はい、図書館です」
「いま、利用者はいる？」

　事務局長の声が、受話器から聞こえました。

「はい、何名か」
「じゃあ、私が行きます。ちょっと相談」
「え、はい、ありがとうございます」

（私、また、なにかやらかしちゃったのかな……）

　数分も経たないうちに、事務局長が図書館にやってきました。

「新棟の関連資料、回ってきた？」
「回覧資料ですよね。まだだと思いますが」
「同じ資料を持ってきたから。ここ、見て」

　司書の勤める病院には、増築の計画があります。
　事務局長が持参した資料は、その基本構想です。
　事務局長は、資料の中の、ある場所を指しました。

　司書は思わず、その部分に書いてある文字を口に出しました。

「と、としょかん？」

「そう、図書館。この間、キックオフのミーティングがあったんだけど、患者さんや地域住民のためにもっとできることはないかという話題の中で、"地域に開かれた医療や健康情報の拠点"として、当院に新しく図書館を設置したらどうかって、地域医療連携室の職員から意見があがったんだ。理事長も前向きに検討したいって発言していたよ」

「患者図書館ですね」

「うん、そこで、司書さんにもこの計画に入ってもらおうと思って」

「え、いいんですか？ 私、正規の職員じゃないのに……」

　事務局長は、顔の向きを資料から司書へと変えました。

「何言ってるの、図書館のことなんだから、司書さんが頼りなんだよ。今の勤務状況では難しいということなら、理事や人事とも話して雇用契約を変更することも考えるよ」

「え？ え！ え……えっと……」

　司書は、まず事務局長に手のひらを向けました。

　次に、ゆっくりと息を吸って、吐きました。

　そして、顔の向きを下から事務局長へと変えました。

「承知しました。ぜひ計画に関わらせてください。雇用契約の話も並行してお願いします。では、私のできることから動き始めてもいいですか。まず、地域医療連携室の方にお話を伺い、関連資料を集めながら、患者図書館を運営している知人へもコ

ンタクトをとってみようと思います」

「お、やるとなったら早いね。じゃ、お願い」
「はい、ではまたご相談さしあげます」

　司書は、事務局長を出入口まで見送り、デスクに戻ろうと体
の向きを変えました。
　司書は、図書室にいた何人かの利用者と目が合いました。

「司書さん、聞こえちゃった。いい話だね」
　図書館の常連、外科のG先生が司書を見て微笑んでいます。

「発達に関係した選書だったら、私もお手伝いできますよ」
療育センターから文献調査に来ていたM先生も、声をかけて
くれました。

　（そうか、ひとりで考えなくてもいいんだ）

　この病院での図書館の仕事を通して、医療の専門家と交流を
重ねました。
　病院司書として動き、学び始めたら、病院の外にもたくさん
のつながりができました。

「ありがとうございます」

　司書は、G先生やM先生に深々と頭を下げながら、これまで
病院司書として出会ったたくさんの人々に思いを馳せました。

（大丈夫、みんながいるから、自信を持つんだ私）

　どこかの病院にいる見えない司書は、隠された図書館で、今日も静かに職務を遂行します。

　そして、隠されていない、みんなの図書館のために、動き始めました。

おわりに

　主人公の司書に思いを寄せてくださった方、ありがとうございます。

　この司書は、今、どうしているのでしょうか。

　不安定な雇用条件で働き始めた司書ですが、患者図書館の立ち上げの計画をきっかけに、正規の病院職員として働くことができたかもしれません。

　正規の病院職員になったことで、担当業務や責任は増えたかもしれません。職務が変化して、交流の幅もより広がったことでしょう。ひょっとしたら、近隣の公共図書館や大学図書館、患者会の方たちにも働きかけて、一緒に動いているかもしれません。

　Ｎ先生に誘われて参画した診療ガイドラインの仕事をきっかけに、他の診療ガイドラインや医療職との共同研究のため、システマティックレビューのチームに加わったかもしれません。

　文献検索の経験を活かして他の司書や医療職に向けて、医学文献の探し方の講義をしているかもしれません。

見る側の立場だけで参加していた学会や勉強会に演題を登録し、研究発表をしているかもしれません。

　ある大学図書館で見た闘病記の棚を参考に、医療職へ向けた闘病記のコーナーを設置したかもしれません。そこに、グラフィックメディスンは含まれているでしょうか。

　司書のつくった患者図書館には、どんな本が置いてあるでしょうか。本を読めることのほかに、どんなサービスを用意しているでしょうか。患者図書館に行けない患者さんのことも、考えているでしょうか。

　健康についての棚づくりをする時に、WHO憲章[1]を意識できているでしょうか。

　さまざまなことを学び、さまざまな人とつながったことで、自分の図書館の棚を成長させることはできたでしょうか。

　今も、CさんやRさんの言葉を胸に、司書と図書館、そして自身の姿勢に対し、問いを投げかけ続けているでしょうか。

　K先生のつくった病院図書館に訪れることは、できたでしょうか。

　不安と怖れで始まった司書の歩みですが、年数を重ね、おどおどすることは減ったかもしれません。司書の親のような立場

の私としては、病院司書として働きはじめた頃の初々しさを忘れず、けれど専門職としての自信は携え、仕事と研鑽に励んでほしいと願っています。

1）Constitution. World Health Organization. https://www.who.int/about/accountability/governance/constitution.

＊　　　＊　　　＊

この本は、はじめて私がひとりで一冊を書き上げたものです。

1章から32章までは、郵研社さんのウェブサイトに2020年9月から2023年3月まで連載していたもので、本にまとめる際にいくらかの修正を加えました。各章にあったりなかったりする「元病院司書のひとりごと」と33章、この「おわりに」は、刊行のために加筆したものです。

この本に出てくるエピソードは、私自身が病院司書として働くことのできた数年間がヒントになっています。実際には起こっていないことがらも含まれていますし、登場人物のモデルも実在する方・しない方がいらっしゃり、いらっしゃった場合であっても脚色を加えていますから、フィクションだと捉えていただいたほうがよいと思います。

インターネットを介して利用することのできる文献は、すべて 2024 年 1 月 20 日までにアクセスできることを確認しました。巻末に URL と QR コードをまとめましたので、ご活用いただけましたら幸いです。

　私の性格は、この本の主人公である司書と似ています。毎月、こんな拙い文章をウェブで公開してもよいのだろうかと、どきどきしながら綴っていました。また、私は要領が悪く、ただでさえ動きが遅いのに、些細なことが気になり始めて筆の歩みがぴたりと止まってしまうことがよくありました。もし、この先に同じような機会をいただけることがあれば、次は文章や執筆の進捗に厳しいツッコミを入れてくださる編集者さんに伴走してもらえたらよいなとも思っています。

　いい表現が見つからない、どうしてもまとまらない、そんなときは、連載開始からずっと原稿の受け取り窓口になってくださった郵研社の登坂和雄さんから、毎月入稿を楽しみにしている社員さんがいるとお聞きしたことを心の励みにして、なんとか絞り出していました。のんびりすぎる私をあたたかく見守ってくださった郵研社のみなさま、本当にお世話になりました。確か、はじめに連載の打診をいただいた時は「エッセイで」とご依頼くださったのに、できあがった初回原稿がショートストーリーになってしまい、結局そのまま最後まで続けてしまったこと、さらに「元病院司書のひとりごと」の加筆によって、もはやショートストーリーと呼んでもよいのかどうかもわからない、怪しい代物になってしまったこと、どうかお許しください。

ところで、この本を図書館で受け入れてくださることがあった場合、みなさんはどの棚で見つけることになると思いますか。図書館に関する棚でしょうか。医学や医療に関する棚でしょうか。それとも、文学に関する棚でしょうか。もし、見かけることがあったら、教えてくださいね。

　この本ができあがったとき、一番に持参し、上の問いを投げかけてみたかったのは、内野安彦さんです。内野さんは私に「あなたは一冊の本が書ける人です」とおっしゃってくださり、今回のご縁をつなげてくださいました。校正作業の最中に内野さんのご逝去を知り、言葉にならない思いで版下を見つめています。

＊　　　＊　　　＊

　病院司書の多くは、みなさんの見えない場所で活動していますが、この本で紹介したような文献を通して目にすることもできますし、誰でも利用することのできる患者図書館を兼務していることもあります。公共図書館や大学図書館の司書に転身した病院司書もいるかもしれません。

　私の知る病院司書は、親切でパワフルな方が多いです。もし、あなたから何かについて知りたいと尋ねられたら、きっと全力で向き合ってくれると思います。医療関係者の方々は、所属の機関に病院図書館があるのでしたら、ぜひ文献と共に、病院司書を存分に活用いただけたらと思います。

そして、私も司書です。病院にも図書館にも所属していませんが、関わっているすべての仕事を司書として行っています。この連載も、私にとっては「病院司書のことを知ってほしい」という願いを込めた、司書の仕事のひとつでした。これからも、司書の私にできることをできる範囲で実践していく所存ですので、私にできることがあれば、どうぞ気軽にお声がけください。

最後に、初稿にお目通しいただいた、栃木県の益子町地域プロジェクトマネージャーの大林正智さんと慶應義塾大学医学部衛生学公衆衛生学教室の眞喜志まりさん、そして、毎回最初の読者として、まっすぐな感想を寄せ、またこの本の装丁家としても私を支えてくれた最愛の娘、奏に、心から感謝の意を表します。

2024 年 6 月 25 日

Independent Librarian

小嶋　智美

参考文献 URL リスト

※登場順、インターネットを介して閲覧できるもののみ

日本医療機能評価機構 . https://www.jq-hyouka.jcqhc.or.jp/	
卒後臨床研修評価機構 . https://www.jcep.jp/	
山口直比古 . 病院の図書室：病院図書室と患者図書室，そしてその先へ . 情報の科学と技術 . 2016, vol.66, no.9, p.467-472. https://doi.org/10.18919/jkg.66.9_467	
医療法（昭和二十三年法律第二百五号）. e-Gov 法令検索 . https://elaws.e-gov.go.jp/document?law-id=323AC0000000205	
文部科学省 . 司書について .https://www.mext.go.jp/a_menu/shougai/gakugei/shisyo/index.htm	
厚生労働省 . 地域医療支援病院について . https://www.mhlw.go.jp/stf/seisakunitsuite/bunya/0000137801_00015.html	
荒木亜紀子，山本悦子 . 病院図書室司書の雇用についての実態調査 . 第 29 回医学情報サービス研究大会 . 2012, ポスターセッション P07. http://mis.umin.jp/29/program/P-07.pdf	

日本病院ライブラリー協会 . https://jhla.jp/	
近畿病院図書室協議会 . https://www.hosplib.info/	
National Library of Medicine. National Library of Medicine Classification. https://classification.nlm.nih.gov/ ※米国国立図書館分類表 , NLMC	
国立国会図書館デジタルコレクション . https://dl.ndl.go.jp/	
山辺習学著 . 仏弟子伝 . 無我山房 . 1928. https://dl.ndl.go.jp/pid/1920923	
ジャパンサーチ . https://jpsearch.go.jp/	
名古屋大学附属図書館医学部分館 . 近代医学の黎明デジタルアーカイブ . https://www.med.nagoya-u.ac.jp/medlib/history/index.html	
ディペックス・ジャパン . 健康と病いの語り . https://www.dipex-j.org/	

David Bowie. ★ (Blackstar).
https://www.allmusic.com/album/black-star-mw0002894417

BMJSPC blog. A thank you letter to David Bowie from a palliative care doctor.
https://go.shr.lc/2SIUgPo

ゼロから始める人生会議 .
https://www.med.kobe-u.ac.jp/jinsei/index.html

David Bowie. Heroes.
https://www.allmusic.com/album/heroes-mw0000098921

GermanForeignOffice.
https://twitter.com/GermanyDiplo/status/686498183669743616

尾藤誠司@ ” うまから ”. X(エックス).
https://twitter.com/bitoseiji

IMDb. パーソナルソング .
https://www.imdb.com/title/tt2593392/

National Library of Medicine. PubMed.
https://pubmed.ncbi.nlm.nih.gov

National Library of Medicine. Medical Subject Headings. https://www.nlm.nih.gov/mesh/meshhome.html	
医学中央雑誌刊行会 . 医中誌 Web とは . https://www.jamas.or.jp/service/ichu/	
医学中央雑誌刊行会 . シソーラスブラウザ . https://thesaurus.jamas.or.jp/ ※医学用語シソーラスの無料公開版	
国立情報学研究所 . CiNii Research. https://cir.nii.ac.jp/	
厚生労働省 . 臨床研修病院の指定基準及び指定基準の運用 . https://www.mhlw.go.jp/shingi/2002/06/s0627-3k.html	
日本看護協会 . 認定看護師 . https://www.nurse.or.jp/ nursing/qualification/vision/cn/index.html	
朝日新聞クロスサーチ . https://xsearch.asahi.com/	
厚生労働省 . eJIM「統合医療」情報発信サイト . https://www.ejim.ncgg.go.jp	

ウィキペディア. クロード・モネ. https://ja.wikipedia.org/wiki/ クロード・モネ.	
Gruener A. The effect of cataracts and cataract surgery on Claude Monet. British Journal of General Practice. 2015, vol.65, no.634, p.254-255. doi: 10.3399/bjgp15X684949. https://bjgp.org/content/65/634/254	
美術図書館連絡会. 美術図書館横断検索. https://alc.opac.jp/search/all/	
ディープライブラリープロジェクト. dlib.jp. https://dlib.jp/	
鯰絵. 日本大百科全書 (ニッポニカ). コトバンク. https://kotobank.jp/word/ 鯰絵 -589621.	
江戸東京博物館. 図書閲覧のご案内. https://www.edo-tokyo-museum.or.jp/purpose/library/	
建設産業図書館. 利用案内. https://www.ejcs.co.jp/library/howtouse/	
国文学研究資料館. 図書館を利用する. https://www.nijl.ac.jp/search-find/	

印刷博物館 . 館内入場のご案内（事前予約）. https://www.printing-museum.org/reservation/	
国立歴史民俗博物館 . 入館者用図書室 利用案内 . https://opac.rekihaku.ac.jp/library/nyuukansya.html	
Nightingale, Florence. Notes on nursing : What it is, and what it is not. first American edition. Celebration of Women Writers. UPenn Digital Library. https://digital.library.upenn.edu/women/nightingale/nursing/nursing.html	
Nightingale, Florence. Notes on nursing. London: Harrison. Retrieved 28 November 2018. Internet Archive. https://archive.org/details/NotesOnNursingByFlorenceNightingale/	
Nightingale, Florence. Notes on nursing. 2nd edition. London: Harrison. Retrieved 29 November 2018. Internet Archive. https://archive.org/details/notesonnursingw01nighgoog/	
機関リポジトリ . 図書館情報学用語辞典 第 5 版 . コトバンク . https://kotobank.jp/word/ 機 関 リ ポ ジ ト リ -1702490	
日本赤十字図書館協議会 . 赤十字リポジトリ . https://redcross.repo.nii.ac.jp/	
近畿病院図書室協議会 . KINTORE. http://kintore.hosplib.info/dspace/	

公益財団法人日本医療評価機構 . Minds ガイドラインライブラリ . https://minds.jcqhc.or.jp/	
東邦大学 ; 医学中央雑誌刊行会 . 東邦大学・医中誌診療ガイドライン情報データベース . https://guideline.jamas.or.jp/	
Yamamoto N.; Ozaki A.; Taito S.; Ariie T.; Someko H.; Saito H.; Tanimoto T.; Kataoka Y. Association between Conflicts of Interest Disclosure and Quality of Clinical Practice Guidelines in Japan: A Meta-Epidemiological Study. Journal of Personalized Medicine. 2023, vol.13, no.12, 1722. doi: 10.3390/jpm13121722.	
National Library of Medicine. LocatorPlus Catalog. https://catalog.nlm.nih.gov/	
一般社団法人グラフィック・メディスン協会 . https://graphicmedicine.jp/	
National Library of Medicine. Graphic Medicine: Ill-Conceived & Well-Drawn!. https://www.nlm.nih.gov/exhibition/ graphicmedicine/index.html	
中外製薬 . 脳 : からだとくすりのはなし . https://www.chugai-pharm.co.jp/ptn/medicine/ karada/karada001.html	
National Library of Medicine. MEDLINE Indexing Online Training Course. https://www.nlm.nih.gov/bsd/indexing/training/ USE_010.html	

National Library of Medicine ; National Center for Biotechnology Information. PubMed User Guide. https://pubmed.ncbi.nlm.nih.gov/help/	
CMEC. https://cmec.jp/	
NLM technical bulletin. https://www.nlm.nih.gov/pubs/techbull/	
認定非営利活動法人 希望の会 . https://npokibounokai.org/	
一般社団法人ピーペック . https://ppecc.jp/	
一般社団法人 メディカルジャーナリズム勉強会 . https://medicaljournalism.jp/	
Constitution. World Health Organization. https://www.who.int/about/accountability/governance/constitution	

〈著者プロフィール〉（2024 年 1 月現在）

小嶋 智美（こじま　さとみ）

岐阜県出身。広告制作会社でエディター兼コピーライターとして勤務した後、ひょんなことから大学図書館でアルバイトをはじめ、その数年後に司書資格を取得する。大学と病院の図書館での勤務経験あり。

2012 年より Independent Librarian と称し、所属にこだわらない個の司書としての活動をはじめる。立命館大学客員助教（総合科学技術研究機構 医療経済評価・意思決定支援ユニット「CHEERS」）、金城学院大学非常勤講師（情報サービス演習 2）、南山大学非常勤講師（情報資源組織演習 2）。

日本医学図書館協会では、NLMC 翻訳、機関誌編集委員、診療ガイドラインワーキンググループ リーダー（システマティックレビューのための文献検索の実施と検索指導）、文献検索講習講師（初級・中級・上級）、コア研修講師（医学の学問体系と医学用語の基礎知識：MeSH・NLMC ／まとめと演習）などを務める。

共著・寄稿に『ちょっとマニアックな図書館コレクション談義 ふたたび』（樹村房，2017）、『司書名鑑：図書館をアップデートする人々』（青弓社，2022）など。X アカウント：https://twitter.com/chebsat リサーチマップ研究者ページ：https://researchmap.jp/satomikojima

Hidden Library, Invisible Librarian：
医療と健康と図書館と、司書。

2024 年 7 月 25 日　初版発行

著　者　小嶋　智美　© KOJIMA satomi

発行者　登坂　和雄

発行所　株式会社　郵研社

　　　　〒 106-0041　東京都港区麻布台 3-4-11

　　　　電話（03）3584-0878　FAX（03）3584-0797

　　　　ホームページ http://www.yukensha.co.jp

印　刷　モリモト印刷株式会社

ISBN978-4-907126-67-4　C0095
2024 Printed in Japan
乱丁・落丁本はお取り替えいたします。